思想觀念的帶動者

文化現象的觀察者

本土經驗的整理者

生命故事的關懷者

STORY

在奔馳的想像中尋找情感的歸屬
在迷離的經驗中仰望生命的出口
在波動的人性中釐定掙扎的路徑
在卑微的靈魂中趨近深處的起落

一日浮生：
十個探問生命意義的故事

Creatures of a Day：

And Other Tales of Psychotherapy

作者

歐文・亞隆（Irvin D. Yalom）

譯者

鄧伯宸

獻給瑪麗蓮（Marilyn），
結褵六十年，但願更長久。

目錄

【推薦序】
診療室裡的一千零一夜

◎謝哲青（作家與媒體人、文史學者）

很久很久以前，在遙遠的地方，有一個強大的國家，人們稱之為薩珊王國。傳說薩珊王朝的統治者舍赫澤曼，是一位勇猛善戰的國王。

某一天，舍赫澤曼國王意外地發現嫂嫂和妻子都是不貞潔的女人，於是動心起念，將她們殺死了。而且，悲傷和憤慨讓舍赫澤曼認為所有的女人都如此。從此之後，舍赫澤曼每天娶一位少女，並且在隔天清晨殺掉，以滿足自己非理性的報復心態。不到三年的時間，京城民女紛紛逃離，終於，負責此事的宰相再也找不到合適的少女了。宰相的大女兒雪赫莎蘭德為了拯救無辜的女性，自願嫁給國王。

雪赫莎蘭德用講故事的方法吸引國王，每個夜裡講到最精彩處，天就剛好亮了，讓國王心癢難捺，允許雪赫莎蘭德在下一夜繼續講故事。最後，她的故事講了一千零一夜，終於打動舍赫澤曼國王，他放棄了虐殺惡行，並與雪赫莎蘭德白首偕老。

人類對世界的好奇，與生俱來；人們對生命的探問，永無止盡。透過敍說與聆聽「故事」，我們進入浩渺無垠的宇宙之中。

「故事」無論是事實還是虛構，對於聆聽的人來說，都是一場又一場歷歷真切的夢境。好的故事，深具暗示與啟發的能量。在前述《一千零一夜》的情節中，女主角雪赫莎蘭德透過故事敘述，將伊斯蘭傳統的生命智慧，包裝進一夜又一夜的故事之中，治療內心充滿憤懣憎恨的國王。在中世紀的巴格達，上演著後現代解構主義的柔性療癒，故事充滿人性，與我們所熟悉的以解決「情意結」為主流的心理治療很不一樣。

在故事的敘述與聆聽之中，我們一窺生命的全貌，故事中人物的境遇，都可能發生在我們身上，當人面對命運所做的種種決定與努力，透過故事，讓我們看見生命的動機與可能性；聆聽故事的我們，得以從中再次體驗矛盾與衝突，超越問題，進而解決生命種種困境。

學習敘述與聆聽故事，更是在學習「對話」的能力。在故事的流動遞嬗之間，無論是敘事者或是傾聽的人，都可能會深刻地自我省察，而「說故事的人」正是引發共鳴與反思的敘事者。

《一日浮生：十個探問生命意義的故事》作者歐文・亞隆，正是當代存在主義敘事治療的權威巨擘。無論在實務經驗，或是文字著作中，歐文・亞隆總以存在主義心理學觀點，集中探討身而為人的困境，他提出四個「終極關懷」（givens）：孤獨（Isolation）、無意義（Meaninglessness）、死亡（Mortality）與自由（Freedom），並深掘「人」在問題中，如何從否認到真誠面對，如何轉化內在的衝突為動能，進而自我超越與昇華。

傳統保守的心理治療師，總是扮演功能絕對而單一的協助者（helper）治療師角色，引導病人進行不同層次的自我衝撞，但治療師本人從不介入其中，與病人的互動也侷限在個案本身問題範圍之內。

但是，歐文・亞隆在進行治療時，他選擇將自己投入與病人的對談當中，毫不避諱地讓自己進入病人的世界中，同時也讓病人的治療過程緊密地附著於治療師的生命歷程中。

所以，當我們在閱讀這本《一日浮生》時，經常可以看到治療師與病人在不同象限的碰撞與衝突：病人趾高氣昂地抱怨他對治療師的種種不滿，同樣地，治療師也毫不客氣地予以反擊。這種近乎日常生活中的當面對質，治療師唯一在乎的，是病人的心理轉折與自我查覺。

歐文・亞隆透過精采的文學敘事手法，向讀者展現故事中「對話」與「療癒」的正向能量。即使不具有心理學背景的我們，也可以從《一日浮生》中，在追求意義的反覆質問下，得到啟發。

我們全都是一日浮生；記人者與被記者都是，全都只是暫時的——記憶與被憶亦然。等時候到了，你將忘記一切；等時候到了，所有的人也都將忘記你。總要時時記得，不多久，你將一無所是，你將不知所終。

——馬可．奧里略（Marcus Aurelius）

《沉思錄》（*The Meditation*）

1 扭曲的治療

亞隆醫師，我很想跟您談談。讀了您的小說《當尼采哭泣》（*When Nietzsche Wept*），心想，不知道您是否願意見一個碰到了寫作瓶頸的作家同行。

——保羅．安德魯

想也知道，保羅的電子信無非是要引起我的興趣。他顯然成功了。我這個人，從來不拒絕作家同行。至於寫作瓶頸嘛，託天之幸，我倒是沒碰到過這樣的人，還真想幫他一把看看。十天之後，保羅應約而來。基於某些理由，我以為來者會是一個中年作家，有點輕佻，有點煩惱。殊不知，進我診療室來的竟是一個皺巴巴的老先生，腰彎得彷彿在地板上找東西。看著他經過走道，寸步慢行，心想，我這診療室高居在舊金山近郊的俄羅斯山頂（編註），他是怎麼上來的？幾乎連他關節的噼啪作響都聽得見，我趕緊接過他手上沉重破舊的公文包，攙扶著他，帶到他坐的位子。

「感恩，感恩，年輕人，多大年紀啦？」

「八十。」我回他。

「啊——怎麼也八十了。」

「你呢？高壽多少了？」

「八十四。對，沒錯，八十四。我知道，一定嚇著你了。大部分人都猜我三十多歲。」

我端詳著他，好一會兒，彼此的目光鎖住。我被他調皮的眼睛和游移在嘴唇上玩耍的微笑迷住了。一語不發，坐著對望了好一陣子，沉浸在老人情誼特有的那種溫暖中，我把我們想像成同一條船上的旅客，一個寒冷起霧的夜晚，在甲板上聊起來，結果發現我們竟是在同一個社區長大，而且馬上認出了彼此。

我們的父母都熬過大蕭條的苦日子，我們見證過迪馬喬（DiMaggio）與泰迪威廉（Ted William）之間的決鬥傳奇，也都記得牛油與汽油配給卡、歐戰勝利日，以及史坦貝克（Steinbeck）的《憤怒的葡萄》（*Grapes of Wrath*）和法雷爾（Farrel）的《史塔茲．勞尼艮》（*Studs Lonigan*）。我們什麼都一樣，彼此都覺得放心，那就更不在話下了。既然如此，可以開始工作了。

「所以，保羅，我們不妨就用名字互稱吧——」

他點了點頭：「當然。」

「我對你的認識，全都來自你那封短短的電子信，你說，你也是作家，讀過我的尼采小說，現在碰到了寫作瓶頸。」

「是的，但我只想做一次諮商。就一次。我的收入固定，多的付不起。」

「我會盡力而為。那我們就開始吧，盡量有效率一點。說說看你的瓶頸吧。」

〔編註〕　俄羅斯山（Russian Hill）位於美國舊金山市。

「如果你不介意，我想談談自己的經歷。」

「那很好呀。」

「那得回到我學校畢業的那段日子。我在普林斯頓念哲學，寫博士論文，談的是尼采的決定論與他的擁護自我轉化互不相容。但我沒辦法完成。我老是讓一些事情搞得分心，譬如說尼采那些很不尋常的書信，特別是寫給朋友及同行作家，像史特林堡（Strinberg）之類的。漸漸地，我對他的哲學完全失去了興趣，反而比較推崇他的藝術成就，我把尼采看作是個詩人，是史上最有力量的聲音，聲音宏亮到連他的理念都為之黯然失色，沒多久，我就沒什麼搞頭了，只好轉系，不弄哲學，去念文學博士。時間就這樣過去，我的研究進行順利，但就是寫不出來。最後，我把自己搞到了一個狀況，那就是一個藝術家唯有透過藝術才能表現自己，於是，我把寫論文的計畫整個放棄，寫起有關尼采的小說來。但寫東西的瓶頸依然，一點都不受我計畫改變的影響，唬嚨不了它，嚇阻也不管用，照樣力量強大，不動如山。就這樣，一點進展都沒有，一直持續到今天。」

我這一驚，非同小可。保羅現在八十四歲。他開始寫論文應該是二十幾歲的時候，六十年前。以前我聽說過有職業學生，以念書為業，但一念六十年？他的人生凍結了六十年？啊，不，但願不是，那不可能的。

「保羅，講一點大學以後的生活吧。」

「沒什麼好講的。當然啦，大學最後確定我逾期了，鐘聲響起，我的學籍遭到註銷。但書都在我的血液裡，我從來沒丟下。在一家州立大學找了一份工作，當圖書管理員，一直幹到退休，那麼多年下來都還試著在寫，沒有結果。就這些啦，我的人生。講完了。」

「再多講一點。你的家庭？生命中有那些人？」

保羅看起來有點不耐煩，噼哩啪啦地把話吐出來：「兄弟姊妹沒半個，婚結兩次離兩次，短命婚姻，但還好短。沒有孩子，感謝上帝。」

事情變得怪怪的，我心裡想。剛開始那麼親切，現在卻好像不想再跟我多談下去了。接下去呢？

我不放棄。「你的計畫是寫有關尼采的小說，在電子信裡還提到，說你讀過我的小說《當尼采哭泣》。這一方面，可以多談談嗎？」

「我不懂你要問的是哪一方面。」

「關於我的小說，你有什麼感覺？」

「一開始有一點慢，但後來有了氣力，儘管用詞精簡，對話自成一格，別有所見，但整體來說，讀來並不引人入勝。」

「不是，不是，我的意思是說，你，你自己，一直拚命想要寫有關尼采的小說，對於我那本小說的出現，你有什麼反應。這件事你應該會有些感觸吧？」

保羅搖著頭，一副連答都懶得答的神氣。無奈之餘，我只好繼續下去。

「說來聽聽，你怎麼會找上我呢？你挑選我做諮商，理由是不是我的小說？」

「啊，管他理由是什麼，我人都已經在這裡了。」

這下子，事情愈來愈詭異，我心裡想。但若要給他有幫助的諮商，就絕對需要多瞭解他一些。我只好轉而請出「老辦法」，一個屢試不爽又可以帶出一堆材料來的要求：「我需要瞭解你更多，保羅。就你平常過的日子，只要讓我詳細瞭解一天二十四小時你是怎麼過的，我相信我們今天就能搞定。就這個星期過去的那幾天吧，隨便挑一天，從你早晨醒來說起。」諮商的時候，我幾乎每次都會提出這個要求，儘管帶出來的都是一些病人各個生活領域的雞毛蒜皮——睡眠啦，夢啦，吃和工作模式等等——但最重要的是，我瞭解了病人的日子是怎麼過的。

保羅卻絲毫感覺不到我的探究熱情，就只是輕輕搖頭，像是在抹掉我的要求。「我們要討論的，還有比這個更重要的。許多年來，我和我的論文指導老師克勞德．穆勒教授，有過很長的通信。你讀過他的東西嗎？」

「啊，他寫的尼采傳我很熟，非常棒的作品。」

「好，非常好。你這樣想，我格外高興。」保羅一邊說著，一邊把手伸進他的公文包，抽出厚厚一疊的活頁資料夾。「好吧，我把這些通信都帶來了，希望你能看一看。」

「什麼時候？你是說*現在*？」

「沒錯，我們這次諮商，沒有比這更重要的。」

我看了看我的手錶。「但我們只有這麼一個回合，光讀這些怕就要花掉一、兩個小時，我們還有比這更重要的——」

「亞隆醫師，相信我，我清楚自己在要求什麼。開始吧，請。」

我有點不知所措。怎麼辦？他顯然心意已決。我提醒過他，我們的時間有限，他也十分清楚自己只有這麼一次會晤。但話又說回來，保羅或許真有他自己的把握，又或許，他深信不疑這些通信的確可以提供我所需要的一切材料。是了，是了，我越想越覺得有道理：一定就是這樣。

「保羅，我把你說的整理了一下，你是說，這些通信可以提供一切有關你的必要材料？」

「如果你是想問『是否非讀它不可、不然就沒有用』——那麼，答案是肯定的。」

簡直是反了。一對一對談是我的專業，我的診療室是我的地盤。在這裡，我永遠都自自在在的，但這一次對談總覺得一切都倒過來了，全亂了套。或許我大可不必那麼認真，隨他的便。畢竟，時間是他的。而我的時間，他可是要付費的。我覺得有點遲疑，但還是勉強接受了，伸手接下他遞過來的手稿。

保羅一邊把厚厚的三孔活頁資料夾交給我，一邊告訴我，通信一共經歷了四十五個年頭，直到二〇〇二年穆勒教授去世為止。我開始瀏覽，好讓自己進入情況。花在這本活頁夾上的心思還真不少。看來保羅把他們之間的信件往返，不論是偶發的短便條或是長篇大論的討論書函，從保存、索引到日期，一切都做得齊齊備備了。穆勒教授的信，連結尾的署名都整整齊齊打出來，規規矩矩的老式作風，至於保羅的信，無論是早期複寫紙複印的或後來影印的，結尾都只一個字母P。

保羅朝我點點頭。「請開始吧。」

讀了前面幾封信，發現封封典雅迷人。穆勒博士顯然十分尊重保羅，但卻責備他喜歡玩詞弄字。第一封信裡面他就說：「我看你是在和文字談戀愛，安德魯先生，喜歡和它們翩然起舞。但文字只是符號，構成旋律的是理念。為我們人生打造結構的是理念。」

「我承認我有這種毛病。」在接下來的信裡，保羅駁回去：「我是沒有好好消化和吸收它們，就是喜歡和它們跳舞，這個毛病我還真希望自己永遠都犯。」後來的幾封信，儘管有身分和半個世紀的年齡區隔，他們卻都放棄了正式稱謂「先生」與「教授」，互相稱起名字來：保羅與克勞德。

在另一封信裡，保羅寫的一段話引起了我的興趣：「我老是把朋友弄得困惑不已。」所以，以前有朋友。保羅繼續寫道：「從此，我就得永遠擁抱孤獨。我以為別人都和我一樣，對文字的力量有著同樣的熱情，我知道自己錯了，知道自己是在強人所難。所以你不難想像，只要我一走近，大家就一哄而散。」聽起來，這滿重要的，我心裡想。「擁抱孤獨」是神來一筆，為此添了幾分詩意，但我想像得到，一個非常孤獨的老人。

接下來，兩封信之後，我可真是發現了「大驚奇」，有一段文字有可能為這整樁超現實的治療提供瞭解的鑰匙。保羅寫道：「所以，你明白了吧，克勞德，就我而言，剩下來的，無非就是去尋找一個至為輕靈、至為高貴的心靈，懂得欣賞我的感性，欣賞我對詩的熱愛，一個銳利而又大膽的心靈加入我的對話。克勞德，我的用詞遣字，可有加速了你的脈搏？這舞，我需要一個雙腳輕靈的舞伴。你會賜予我這份榮幸嗎？」

這一瞭解，無異霹靂。現在，我總算明白保羅堅持要我讀信的原因了。事情再清楚不過，我怎麼可以不讀呢？穆勒走了十二年了，保羅現在四處晃蕩，就是要尋找另一個舞伴！而我的尼采小說，剛好就這樣插了進來！這下好了，我整個人都給弄糊塗了。心想，本來是我約談他的，事實上呢？倒是他在約談我了。一定就是這樣，錯不了。

望著天花板好一陣子，琢磨著要怎麼樣把自己洞燭了他的心機講出來，保羅卻打斷我的沉思，指著他的手錶強調：「拜託，亞隆醫師，我們的時間在跑耶，請繼續讀下去。」我順他的意，這些信實在精彩，我樂得一頭栽進去。

前十二封信，很明白的就是師生關係。克勞德經常會派功課，譬如：「保羅，我希望你寫篇東西，比較尼采的厭女症與史特林堡的厭女症。」這一類的功課我推斷保羅都交了，但並沒有在信中進一步提到，想來他們都是面對面討論了。但漸漸地，那一年過半，師生的角色開始消失。很少再提到功課，有的時候，甚至不太容易分得清誰是老師誰是學生。克勞德拿了幾首自己的詩，希望保羅發表看法。保羅的回應卻沒什麼好話，而是叫克勞德少些理智，多在意內在感情的衝擊。克勞德則剛好相反，批評保羅的詩徒有感情卻不知所云。

隨著每封書信的往返，他們的關係逐漸親密，感情日益深刻。我心想，難不成我手裡的這一握灰燼竟是保羅一生的最愛，甚或唯一的愛。長久以來，保羅或許一直陷在無法自拔的哀傷中。沒錯，沒錯，一定是這樣的。他要我讀這些寫給往者的信，無非就是要告訴我這些。

隨著時間的流逝，一個接著一個的假設在我腦海裡興起，我雖然覺得有趣，但終究沒有一個可以提供我想要的充分解釋。讀得愈多，我的疑問愈滾愈大。保羅來找我的目的究竟何在？他先前說寫作瓶頸是主要的問題，但為什麼現在他一點也沒表現出要探討寫作瓶頸的興趣？他為什麼拒絕透露自己的生活細節？為什麼堅持非要把我們的時間全都花在讀這些許久以前的書信上？我們得理個頭緒出來才行。我下定決心，不把這幾個問題跟保羅弄清楚絕不罷休。

接著，我看到一封回信，把我給拉住了。「保羅，你對純粹經驗的過度推崇走偏到一個危險的方向去了，我不得不再一次提醒你蘇格拉底的告誡：人生不經檢視，活著也是白活。」

說得好，克勞德！完全同意。我的看法也是如此，完全認同你督促保羅檢視他自己的人生。

但在下一封信裡，保羅馬上毫不客氣地反駁：「若要我在活著與檢視之間做個選擇，任何一天我都選擇活著。解釋這種病，我是避之唯恐不及的，我勸你最好也跟我學。解釋的趨勢是現代思想的流行病，其主要的帶原體則是今天的治療師：我遇到的精神科醫師，每個都有這種病，而且是會上癮，會傳染的。解釋根本就是一種錯覺，一種妄想，一種建構，一種安慰性的催眠。解釋並不存在。說穿了，不過是懦夫面對絕對存在的無常、冷漠與變遷因恐懼顫慄而採取的一種防衛。」這一段話，我讀之再三，但覺心旌動搖。心裡醞釀的想法，原本已經決定要搬出來的，這一來，也猶豫起來。我知道，保羅接受我邀舞的機會根本就是零。

每當抬起目光，就看到保羅的眼睛緊緊咬住我，我的反應一個也不放過，提醒我繼續讀下去。但到最後，我一看時間只剩下十分鐘，便闔上夾子，取回主導權。

「保羅，我們剩的時間不多了，而我還有幾件事情要跟你討論。我滿不痛快的，因為已經到了要結束的時候，我居然還沒能真正談到你來找我的理由——你的主要問題，你的寫作瓶頸。」

「我可沒說過。」

「但在你給我的電子信裡面，你說……這裡，我列印出來了……」我打開自己的夾子，但還沒等我把它攞出來，保羅已經回了過來：

「我自己寫的我知道：『我很想跟您談談。我讀了您的小說《當尼采哭泣》，心想，不知道您是否願意見一個碰到了寫作瓶頸的作家同行。』」

我瞧著他，期待一個傻笑，但他卻一本正經。他是說過寫作瓶頸，但並沒有明指那就是他要我幫忙解決的主要問題。是一個文字陷阱。感覺自己被玩弄了，我大為不爽，反擊回去：「我一貫都是幫助別人解決問題，這是治療師的本分。所以，我會這樣的推斷，誰都想得到。」

「我完全理解。」

「那就對了，讓我們重新開始吧。告訴我，我要怎樣才能幫你？」

「你對那些信有什麼看法？」

「可不可以說得更具體一點？好讓我把要講的東西理個架構出來。」

「隨便什麼看法，對我全都是最有幫助的。」

「好吧。」我打開筆記本翻頁。「你是知道的，我的時間只夠看一小部分，但整個來說，我非常喜歡，裡面滿是第一流的才情與學問。角色的轉移令人印象深刻。開始的時候，你是學生，他是老師。但很顯然的，你是一個非常特別的學生，不過幾個月，年輕學生與知名教授就平起平坐通起信來。毫無疑問的，他十分尊重你的看法與判斷，欣賞你的文章，看重你對他作品的批評。想也知道，他花在你身上的時間和精神，一定遠遠超過他所能提供給一般學生的。還有，你們的通信既然能夠在你失去學生資格後還延續那麼久，當然，毫無疑問的，你們相互之間的重要性確實非比尋常。」

我注意看著保羅。他一動不動，含淚坐著，狂飲我的每一句話，顯然還渴望更多。終於，終於，我們碰頭了。終於，我給了他一些東西。我為一件對保羅格外重要的事情做了見證。我，而且只有我，證明世間確有一位大人物高度肯定保羅．安德魯的重要性。但這位大人物去世多年，保羅隨著年歲增加，心理愈趨脆弱，如今再也無法獨自承受這一事實。他需要一個見證人，某個有社會地位的人，而我剛好被他挑中，填補了這個角色。沒錯，我絲毫不懷疑這一點。這種看法散發出強烈的真相氣息。

現在，若把這些看法中的某部分傳達出去，對保羅應屬有利。回顧起來，我透過觀察所得到的瞭解還不少，但剩下的時間又不到幾分鐘，當從何處開始，我真有點拿不定主意。最後，我決定還是從最顯著的地方著手：「保羅，關於你們的通信讓我印象最深刻的，就是你和穆勒教授之間既強烈又溫柔的關係，這是一種極深摯的愛。他的過世對你而言，定然難以承受。我猜想，這種失落之痛久久不得平息正是你要尋求諮商的原因。你認為呢？」

保羅沒作聲，只是伸手要拿書信，我回遞給他。他打開公事包，把書信夾子放妥了，拉上拉鍊封口。

「對或不對，保羅？」

「我會來找你諮商，是因為我需要。現在，我已經做了，也得到了我想要的。你做的很有幫助，非常非常有幫助。我別無所求了。謝謝你。」

「保羅，暫請留步。我始終覺得，瞭解一下自己對患者提供了哪些幫助也很重要。你從我這裡得到了些什麼，可以麻煩你花幾分鐘說明一下嗎?我相信，對這方面做更進一步的釐清，對你將來會有好處，對我以及我未來的客戶也大有助益。」

「歐老，給你留下那麼多的謎團，我很遺憾，但我怕我們的時間已經到了。」起身的時候，他幾乎站不穩，我及時抓住他的手肘穩住他。等站穩了，他伸手和我握手，然後，步子輕快，邁出我的診療室。

2 虛實人生

查爾斯，企業主管，一表人才，身家背景良好：金字招牌的學歷，安多佛〔譯註〕、哈佛及哈佛商學院；祖父及父親均為成功銀行家；母親為一所傑出女子學院董事長。個人條件良好：一戶舊金山景觀豪宅，金門（Golden Gate）至灣區大橋（Bay Bridge）全景盡收眼底；一個可愛的妻子，社交名媛；一份六位數中間的薪水，以及一輛捷豹（Jaguar）XKE敞篷車。擁有這一切的他，年歲不過三十七而已。

但他的內在情況不太妙。自疑、自責，加上罪惡感，連在公路上看到警車

〔譯註〕Andover，指的是安多佛菲利浦學院（Phillips Academy），相當於哈佛大學預備學校。

都會緊張得冒汗。「四處橫流的罪惡感到處在找『罪』來認——那就是我。」他消遣自己。此外，他連做夢都在無情地自虐：夢見自己滿身都是流膿的巨大傷口，蜷縮在地窖或洞穴中；夢見自己是痞子、笨蛋、騙子。但即使在夢裡貶抑自己，他說起雙關語笑話，卻還是幽默十足。

「我和一群人在等電影角色的試鏡。」在早先一次諮商中，他講了一個他做過的夢。「等輪到我了，我把那個角色演得很好。好得沒話說，導演把我從等候區叫回來，對我大加誇讚，並問我以前演過什麼電影角色，我告訴他，我從來沒演過電影。只見他桌子一拍，站起來，邊往外走邊大聲嚷道：『你不是演員，你只是在模仿演員。』我追出去也嚷道：『既然是模仿演員，就是演員。』但他只是繼續走，一下子就去遠了，我使盡了力氣嚷道：『演員就是在模仿人，模仿人就是演員的工作呀！』但一切都白搭，他消失了，丟下我一個人。」

查爾斯的不安全感似乎根深柢固，不受任何價值影響。一切正面的事情——成就、升遷、妻子、孩子和朋友的愛的訊息，客戶或員工的重大回饋——

全都有如濾過篩子般迅速流失。儘管如此，在我看來，我們的工作關係維持得還不錯，他卻總以為我對他失去了耐性，或根本就對他厭煩了。有一次我對他說，他的口袋有洞，就這麼一句話，他也丟不下，經常在我們工作中拿出來講。對於他這種自卑情結的根源，經過好多個鐘頭的檢討，一一檢視了各項可能的疑點——不怎麼出色的智商及學能測驗成績，沒有能力回擊小學時的霸凌，青少年時的粉刺，不時的早洩，煩惱自己小號的陰莖等等——我們終於找到了最初的黑暗根源。

「一切不好的都開始了。」查爾斯對我說。「我八歲那年，一個颳風的陰天，一大早，我父親，一名奧運划船選手，帶著他的小艇，從緬因州巴爾港（Bar Harbor）出海做例行訓練，一去不回。那一天，從此在我心中揮之不去：一家人都安定不下來，真是可怕，風勢越來越大，母親不停走動，打電話給朋友和海岸防衛隊，全家人的心思都放在廚房桌子紅色格子桌布上的那具電話上，隨著夜色降臨，恐懼也在風聲呼嘯中不斷加深。終於，最嚴重的結果發生了，母親痛哭失聲，第二天一早，海岸防衛隊的電話帶來噩耗，發現翻覆的小艇卻沒見到人。父親的遺體始終都沒有找到。」

查爾斯淚如雨下，泣不成聲，二十八年前的往事，彷彿就發生在昨天似的。「那是好日子的結束，父親溫暖的熊抱、我們的拋馬蹄鐵遊戲、中國象棋及大富翁，全都沒了。我認為，那時候我已經明白，一切都不再一樣了。」

母親在哀痛中度過餘生，沒有人取代父親的位子，在查爾斯的心目中，他成了自己的父母。沒錯，自立自強自有其優點：自力更生可以成為強有力的自我肯定。但那過程卻是孤獨的，每當夜深人靜，他便渴望著那爐火冷卻已久的爐台。

一年前，在一場慈善活動中，查爾斯認識了高科技企業家詹姆斯・派瑞，兩人結為至交，幾次會面之後，詹姆斯在自己新創的事業中為查爾斯安排了一個人人稱羨的主管職務。詹姆斯長他二十歲，擁有點石成金的矽谷事業，雖然已經累積了巨大的財富，但照他自己的說法，卻欲罷不能，只能不斷推出新的公司。儘管兩人的關係複雜——既是朋友、上司與下屬，又是師生——查爾斯與詹姆斯卻調和得如魚得水。他們的工作需要經常旅行，但只要兩人都在城裡，一定會在一天結束時小飲聊天，無所不談，從公司、競爭、新產品、個人問題、家人、投資、院線電影到假期計畫，只要是心裡想到的，無不盡興。所有這些知心的聚會，查爾斯無不珍之惜之。

也就是差不多時候，認識詹姆斯沒多久，查爾斯跟我第一次接觸。正當照顧呵護與良師益友一應俱全的時候，卻跑來尋求治療，看起來滿矛盾，但真要解釋倒也不難。從詹姆斯身上，他得到了愛護與父愛，但也使他想起了自己父親的身亡，對自己曾經失去的也就更加在意。

治療第四個月期間，查爾斯突然來電要求緊急會晤。一臉慘灰，出現在我的診療室。慢慢走向自己的位子，小心翼翼弓下身子，吐出三個字：「他死了。」

「查爾斯，怎麼回事？」

「詹姆斯死了，重度中風，當場死亡。他太太告訴我，她和董事會餐會，回家發現他倒在客廳椅子上。天啊，他甚至連病都沒生過！完完全全意料不到。」

「真是糟糕。對你一定是不小的打擊。」

「該怎麼說呢？真的無從說起。那麼好的一個人，對我那麼照顧。認識他是我天外飛來的福氣。我心裡有數！我始終明白花無百日好！天啊，我真為他妻子和孩子感到難過。」

「你自己要多保重。」

接下來兩個星期，查爾斯和我每星期都見面兩到三次。他無法工作，睡眠很糟，諮商中經常哭泣。反反覆覆說的，無非是他對詹姆斯．派瑞的敬愛，要不就是深深感激那份相聚的緣分。過去的失喪之痛再度浮現，不僅是父親，還有走了已經三年又一個月的母親，加上麥可，一個童年玩伴，讀七年級時死的，以及克利夫，一個露營輔導員，死於動脈瘤破裂。翻來覆去，談的都是人生中的重大打擊。

「我們不妨來檢視看看你的重大打擊。」我提出建議。「這中間的主要成分是什麼？」

「死亡，死亡始終都是重大打擊。」

「講下去，多談些你對這方面的想法。」

「一切都那麼明白，還用多說嗎？」

「具體一點，說說看。」

「啪，一聲，就這樣，生命走了，連躲都沒有地方躲。平安，根本沒這回事。無常……人生就是無常……我清楚得很……誰不是呢？但我一向不想太多，也不願意去想。但詹姆斯的死卻逼著我去想，不停地想。他年紀比較大，我知道他會比我先走。這反倒讓我面對了一些事情。」

「多講些，像什麼事情？」

「關於我自己的生命，橫在我前頭的自己的死亡，以及無時不在的死亡。不管怎麼說，死亡無時不在，這念頭把我的心塞得滿滿的。啊，我真羨慕我那些天主教朋友及他們在天堂的財富。如果能夠，我願意花錢買。」深深吸一口氣，他抬起目光，看著我。「這，就是我一直都在思考的。此外，什麼才真正重要，我也是滿肚子的疑問。」

「說來聽聽吧。」

「我想到自己把整個生命都耗在工作上，賺那麼多超過自己需要的錢，一點意義都沒有，但還是一往直前，跟詹姆斯完全沒兩樣。我為自己的生活方式感到悲哀。我可以是一個更好的丈夫、一個更好的父親。感謝神，時間還來得及。」

感謝神，時間還來得及。這種想法我肯定。以正面態度回應悲傷，這樣的人我碰到過許多。面對人生殘酷的事實可以使人覺醒，催化人生做某些重大的改變。同樣的情況看起來也會應驗在查爾斯身上，我滿希望自己可以將他帶上那個方向。

但就在詹姆斯・派瑞過世後三個星期，查爾斯來到我的診療室，情緒激動，呼吸急促，坐下後手按胸口長長吐一口氣平息自己，整個人緩緩陷入椅子裡。

「我還真慶幸我們今天要見面，如果沒有這次約診，我可能昨晚就打電話給你了。我剛剛經歷了人生中最重大的打擊。」

「又怎麼了？」

「瑪葛．派瑞，詹姆斯的遺孀，昨天打電話約我過去，說有事要當面跟我說。昨晚我應約前往……呃，我還是說重點吧。她是這樣說的：『我本來不想告訴你，但現在知道的人太多，我寧願你從我這兒，而不是從別人那兒知道這件事。詹姆斯並不是中風死的，而是自殺。』從那一刻起，在我的眼裡，世界整個亂掉了。」

「真是令人難過！講一講，你心裡的感覺。」

「太多了。簡直是颶風。很難追蹤。」

「隨便說說。」

「好吧，最先閃過的念頭當中，有一個是既然他能自殺，那麼，我也能。我之所以會這樣想，理由再清楚不過，我那樣瞭解他，我們彼此那麼親近，那麼相似，既然他能這樣，能夠對自己下得了手，那我也會。這樣一想，我不禁大驚失色。不會的，不會的，不要擔心——我不會自殺的——但那念頭揮之不去。既然他能，那我也會。死亡，自殺，都不是抽象觀念。不再是了。而是真實的。為什麼？他為什麼自殺？我說不出個所以然。他的妻子也無解，或是故作不知。她說，那完全出乎她意料之外。我還是什麼都不知道的好。」

「繼續，查爾斯。統統講出來。」

「世界整個亂掉了。到底什麼才是真實的，我再也搞不清楚了。他身體那麼好，能力那麼強，他照顧我，愛護我，那麼無微不至，但想想看，他一邊為我打造一個溫暖舒適的窩，同一時間自己卻痛苦得不想活下去。到底哪一邊才是真實的？你可以相信什麼？這麼長一段日子來，他一邊照顧我，給我種種鼓勵，同一時間卻在想著要把自己給結束掉。我的意思你懂嗎？那些快樂美好的時光，他和我，促膝深談，彼此交心——但我現在才知道，那些時光根本就不曾存在過。我覺得我們彼此交融，我分享他的一切，但實際上卻是一場獨角戲。他根本沒在那兒，他一點也不快樂，心裡想的就只是要結束自己。到底什麼才是真實的，我真的不知道。我是在編造自己的現實。」

「那麼，這個世界呢？這個房間呢？你和我呢？我們的共處呢？」

「還有什麼是可以相信的，還有誰是可以相信的，我不知道。所謂『我們』，根本就不存在。實際上，我是孤獨一人。我根本懷疑，你和我現在——

也就是談話的此刻——經歷的是同一件事情。」

「但我可是真心希望我們是一個『我們』。兩個人之間確實存在著一條難以溝通的鴻溝，但我希望能夠盡量縮小這條鴻溝，在這個房間裡。」

「但是，歐老，依我看，那只是你的想法和感覺而已。就拿我和詹姆斯來說吧，你看，我錯得有多離譜。我以為我們是在二重奏，結果呢？根本就是一場獨角戲。我一點都不懷疑，我在這裡的所作所為也是如出一轍，我以為你是如何如何，其實都是錯的。」查爾斯停下來，但突然又說：「就是現在，你在想什麼？」

要是在二十或三十年前，這個問題還真是會令我不知所措。但我已經是老鳥治療師了，相信自己的潛意識，能夠以專業負責的態度做事，並且充分瞭解，要緊的並不在於把自己認為重要的想法說出來，而在於說出自己真心想要說的。所以，我就把心裡浮現的第一個念頭說了。

「你問我問題的那一刻，我心裡想到的事情還挺怪異的。那是我最近看到有人匿名發布在一個網站上的東西。他是這樣說的：『我在星巴克上班，客人要是沒禮貌，我就給他們低因咖啡。』」

查爾斯抬起頭看著我，愣了一下，然後，突然笑出聲來。「什麼的什麼嘛？那有什麼關係嗎？」

「你問我在想什麼的時候，閃入我心裡的就是這事情：每個人都有祕密。你且聽我來說個分明。這一整個想法的啟動，大約就在之前兩分鐘，也就是你講到現實的本質，以及你說你在編造自己的現實時。也就是那個時候，我心裡想：你講得真對。現實之為物，並不是現成在那兒的，而是我們每個人各自建構、編造到相當程度的某種東西。然後，你頓了一會兒——讓我喘了口氣；你才問我，我在想什麼——我想到的是德國哲學家康德，他告訴過我們，我們的心意識結構極為活躍，會影響我們經驗過的現實本質。然後又想到，自己做治療師半個世紀，聽過那麼多深藏在內心的祕密，很自然又想到，我們其實都很想和別人融合，卻又始終都保持著距離。接著又想到，如果你心裡想的是紅的顏料或咖啡的味道，而我想的卻是『紅色』及『咖啡』，那麼，我們的體驗之不同，會是連我們自己都無法想像的。咖啡——是了，正是這東西；帶出了星巴克的祕密。但抱歉，真的抱歉，查爾斯，我是不是扯得太遠了，不是你想的那樣。」

「沒有，完全沒有。」

「說說看，我講的時候，你心裡想了些什麼。」

「我心想，『完全正確』，我就是喜歡你這樣聊，喜歡你把自己的想法跟我分享。」

「既然如此，又有一件事情跑出來了，一件好久以前的事了，是我還是學生時候的一個研討會個案。那個男病人高高興興在某個熱帶島嶼度了個蜜月，是他一生中最美好的一段時光。但到了第二年，婚姻卻迅速惡化，以離婚收場。關鍵在於，他不經意地從老婆身上得知，從頭到尾，他們在一起的時候，包括蜜月期間，她心裡想的都是另一個男人。他的反應和你一樣。他明白，他們在熱帶島嶼上的那段卿卿我我根本就不是共有的經驗，也就是說，他也是在唱獨角戲。詳情我不太記得了，但我記得，和你一樣，他覺得現實是破碎的。」

「現實是破碎的……說的正是我。甚至在我的夢裡也是。昨晚我就做了幾個很激烈的夢，但只記得一點點。我在一間娃娃屋裡，觸摸窗簾和窗戶，感覺都是紙和玻璃紙做的，摸起來很薄很脆，然後，聽到巨大的腳步聲，擔心有人會踩到房子。」

「查爾斯，讓我再回到現在的現實來。我給你一個提示：我會一直這樣做。你，還有我，現在表現得如何？」

「依我看，再好不過了。我是說，我們都比較坦誠了，但還是有一些隔閡。啊，不，不是一些——是很大的隔閡。我們並沒有真正活在同一個的現實裡。」

「好吧，那就試著縮小隔閡吧。你有什麼問題要問我？」

「嗯哼，你可從來沒這樣問過。好吧，問題可多了。你是怎麼看我的？現在和我一起待在這間屋裡是個什麼樣的情形？這一個小時對你來說，好過嗎？」

「好問題。我會想到什麼就說什麼，盡量不條理化。你的表現很令我動容。我是百分之百在這間屋裡。我喜歡你，敬重你——我想，這你是知道的——如果不是的話，我希望你知道。還有，我要幫助你的意願十分強烈。你飽受喪父之痛，我體會得到，這對你留下了一生的印記，我體會得到，你和詹姆斯·派瑞那樣難得的關係，轉眼卻煙消雲散的痛楚，我也體會得到。我還想像得到，你痛失父親與詹姆斯，當在你面對我時，那種感覺變得更強烈了。讓我們來看看你的心理變化吧。不妨告訴你，從我們初次見面，我就有兩種不同的感情，有時候會輪流出現。一方面，我希望自己像個父親一樣待你，但又想幫助你擺脫那種對父親的需求。」

我一邊說，查爾斯一邊點頭，目光下垂，仍然一言不發。我問他：「好啦，現在，查爾斯，我們夠真實了吧？」

「是我沒說清楚。其實問題並不在你，而是我。其實是我保留得太多……有太多是我不願意講的。」

「怕把我嚇跑？」

他搖搖頭。「那只是部分。」

這一來，我確定知道問題出在哪裡了：在我的年齡。這種情形我跟別的病人也碰到過。「怕傷害到我？」我說。

他點點頭。

「放心啦，幹我們這行，照顧好自己的心情可是我的工作。我會陪著你挺下去的。來，我們開始吧。」

查爾斯鬆掉領帶，解開領釦。「好吧，昨晚上的另一個夢。我跟你在你的診療室談話，只不過看起來像是在一家木工廠——我注意到，一疊木材，還有一具很大的桌鋸、一個刨子、一台打磨機。突然之間，你大叫一聲，抓住胸口，向前仆倒。我跳起來扶住你，打九一一，抱著你，一直等到他們來，又幫他們把你放上擔架。還有別的，但我只記得這些了。」

「這個夢，是有什麼預感嗎？」

「呃，再清楚不過了。我非常在意你的年紀，擔心你沒多久可活了。木工廠這個元素也非常明顯。在夢裡，我把你當成了我初中的木工老師瑞里先生。他很老了，對我而言有點像父親，甚至初中畢業之後，我還是常去看他。」

「夢裡的感受呢？」

「很模糊，但我記得，有點恐慌，而且對自己能夠幫助你感到滿欣慰。」

「你能把這些講出來，非常好。可以講一些其他你不願意跟我說的夢嗎？」

「啊，可以呀。雖然不是很舒服，但在心裡也卡了有一個星期到十天了。在這個夢裡，我們就和現在一樣坐在這些椅子上，但沒有牆，不過分不清是在室外還是室內。你面無表情，靠過來告訴我，你只剩六個月可活了。然後……說起來還真怪……我卻跟你談起交易來了：我教你怎麼死，你就教我怎麼做個治療師。其他我不記得了，只記得我們兩個都痛哭失聲。」

「第一部分很清楚——當然，你明白我的年紀，擔心我還能活多久。但第二部分，想要做個治療師呢？」

「我也不知道怎麼會做這樣的夢，做個治療師，我可從來沒想過，主要是沒那個能力，總覺得自己根本無法應付強烈的情緒，所以，才非常崇拜你。你又對我那麼好，非常非常好，總是知道適時指點我正確的方向。」查爾斯俯身抽取一張可麗舒紙巾，擦了擦額頭。「這對我來說，就不是一件容易的事。你給我的已經夠多，我卻還坐在這裡拿夢到你的夢來煩你，實在不應該。」

「你來這裡，把自己的想法分享給我，本來就是你該做的事情，何況你做得很好。沒錯，你擔心我的年紀。我們兩個都清楚知道，我今年八十一了，已經快走完人生了。你既然會為詹姆斯還有你父親感到悲傷，那麼，擔心失去我也就是很自然的事。八十一，老啦，很老囉。光是想到這一點，我自己都嚇一跳。我並不覺得自己老了，還一再感到奇怪，怎麼這樣就活到八十一歲了。說起來，我從來都是年紀最小的——在班上，在夏令營棒球隊，在網球隊——怎麼一轉眼，無論到哪裡——飯店、電影院、同業聚會——都變成最老的了，還真不習慣哩。」

我深深吸一口氣，兩個人安靜坐了一陣子。「我們不急著往前，我想暫停一會兒，再做個檢查，看看我們現在的進度如何？我們之間的隔閡有多大？」

「隔閡縮小很多了啦。但還真是滿困難的，這可不是一般的聊天，平常哪有人會對別人說『我擔心你會死掉』的。對你來說，這一定挺苦惱的，現在，你可是世界上我最不願意傷害到的人之一。」

「但這裡是一個很不一樣的地方。在這裡，誠實第一，只要是實話，百無禁忌。千萬記住，你來，隨便什麼都可以說，即使是我不懂的。這個領域的核心精神就是凡事都不輕易放過。」

查爾斯點點頭。我們再度陷入短暫的沉默。

「今天，我們比往日來得沉默。」我試探他。

查爾斯又點點頭。「我真的是全神貫注，完全融入，整個人都投入到這次討論中了。」

「我還有些重要的事情要提醒你。無論你相信與否，正視生命的結束具有某種正面效益。我要說的是幾天前一次奇怪的經歷。時間大約是下午六點左右，我看到我老婆在車道的那一頭，伸手到信箱裡。我走向她。她轉過頭來微笑。突然之間，完全無法解釋，我的心思轉換了場景，轉瞬間，我看到自己在一間黑暗的房裡看一支畫面忽隱忽現的錄影，放映的是我人生的一些片斷。我覺得自己有一點像是《克拉普最後的錄音帶》（*Krapp's Last Tape*）裡面的主角。山繆爾．貝克特（Samuel Beckett）的作品，你看過嗎？」

「沒有，但聽說過。」

「故事是一個老人，在生日那天，一面聽著以前生日錄下的錄音帶，一面自言自語地在獨白。有點像克拉普，在我當時的想像中則是一支舊時生活的錄影。在裡面，我看到已經死去的妻子轉頭對我嫣然一笑，跟我打招呼。我看著她，突然一陣巨大的悲傷襲來，無法自已。然後，突然之間，一切都消失，我跌回了現實，只見她好端端地在那兒，容光煥發，綻放著亮麗的九月微笑。我心裡湧起一陣歡喜的暖意，感激之情油然而生：她和我仍然活著呀，我衝過去，一把抱住她，出發去我們的晚間散步。」

一邊講著那次經歷，一邊忍不住已經盈眶的淚水，我伸手取一張可麗舒紙巾，查爾斯也拿了一張，按了按眼睛。「所以，你的意思就是要『當下知足』。」

「完全正確。我是說，預見結果可以激勵我們以更強烈的生命力把握當下。」

查爾斯和我同時看一眼時鐘。時間超過了幾分鐘。他慢慢收拾著東西。「我累壞了。」他喃喃說。「你應該也累了。」

我站起身來，腰直肩挺。「一點也不。事實上，像這樣深入而坦誠地談一場下來，反而為我注入了活力。今天你表現得極好，查爾斯，我們兩個合作得棒極了。」

為他打開診療室的門，一如以往，我們握手道別。剛關上門，我猛然一拍額頭說：「不行，我不能就這樣結束療程。」因此，我又打開門，叫他回來並說：「查爾斯，我剛才犯了老毛病，做了不該做的事。事實上，今天這樣深入地談下來，挺費力的，還真是累人，都快有點撐不住了，心想，還好今天沒有其他約談了。」看著他，我等待著，但不知道在期待什麼。

「啊，歐老，我知道，我對你的瞭解其實比你以為的多。我明白，那時候你只是一心想要療癒我罷了。」

3 阿拉伯式舞姿

這下子，可把我給難倒了。執業五十年，我以為自己什麼場面都見識過，但一個新病人，帶著一張自己花樣年華時的照片進我的診療室，那可還真是頭一遭。還有，更讓我吃不消的是，在我審視著照片中美麗的芭蕾舞者時，這位新病人——娜塔莎，一個富富泰泰、年約七旬的俄羅斯婦人——居然緊緊盯著我不停地打量。照片中的芭蕾舞者，擺了一個阿拉伯式舞姿〔譯註一〕，兩臂優美地高舉，單腳維持美妙的平衡。我收回目光，放到娜塔莎身上，只見她安座椅上，雖然不再纖瘦，卻自有一個舞者的優雅。她顯然也意識到，我試圖在她

〔譯註一〕Arabesque，芭蕾舞的一種舞姿，舞者以一腳站立，另一腳向身後伸出，兩腳均打直。

身上找回那個年輕的舞者，但見她下頷微揚，臉部略側，給了我一個清楚的輪廓。面容已見粗糙，或許是太多的俄羅斯嚴冬，也或許是太多的酒精吧。再掃一眼照片中年輕的她，我心想，儘管如此，仍然不失其魅力，雖然不再美麗如昔，依然有其高雅的風韻。

「以前，我可不可愛？」她有點欲語還休。我點頭，她一邊繼續說道：「我以前是拉斯卡拉〔譯註二〕首席芭蕾舞者。」

「妳是不是老活在過去式裡面？」

她回過神來。「問得還真是粗魯，亞隆醫師。看來所有治療師必修的粗魯課程你都修過了，但——」她頓了一下，琢磨著。「或許確實如此，或許你是對的。以一個芭蕾舞界的娜塔麗雅〔譯註三〕來說，那還真是一個異數，我不到三十歲——四十年前——就收掉了我的舞者生涯，但卻更加快樂，停止跳舞以來，快樂得不得了。」

「四十年前妳停止跳舞，但今天，妳進到我的診療室來，卻把自己年輕時跳舞的照片帶來給我，看來，妳一定以為，我對今天的娜塔莎興趣缺缺？」

她眼睛眨呀眨的，環視了一下屋裡的擺飾陳設。「我夢到你，昨天晚上。」她說。「只要閉上眼睛，就還看得到那情形。我去看你，進入一個房間，跟這裡不一樣，或許是你家裡吧，裡面有很多人，或許是你妻子及家人，我則帶了一個大帆布包包，裝滿了槍枝，外加清理槍枝的工具。我看到你被人們包圍在一個角落裡，認得出那是刊在你的《叔本華的眼淚》小說封面的照片。我無法靠近你，甚至接觸不到你的眼神。還有更多，但我能記得的就這些了。」

「啊，妳瞭解妳的夢和妳帶這張照片來給我之間的關聯嗎？」

「槍代表陰莖。我知道，那是精神分析長久以來的說法。我的分析師告訴我，我把陰莖當成武器。以前每當我和男友，後來是我前夫的團裡首席舞者舍傑吵架，我就出門去，喝醉、找根陰莖——隨便一根偶然邂逅的——發生關係，只為了傷害舍傑，讓自己覺得舒服一點。每次都管用，但都很短暫。非常短暫。」

〔譯註二〕La Scala，義大利米蘭世界著名歌劇院，啟用於一七七八年。
〔譯註三〕 Natalya，世界著名女摔角手。

「夢和照片之間的關聯呢？」

「同樣的問題？你非問不可？還是你是在暗示，說我是用我這張年輕時候的照片來色誘你？那不僅污辱人，簡直就是胡說八道。」

堂而皇之拿著照片登門，她當然是有所為而來。這一點，我毫無疑問，但我只是要先起一個頭，用比較直接的方式導入正題。「好吧，那就讓我們來看看妳要找我的理由吧。從妳的電子信中，我知道妳只會在舊金山待很短的時間，這樣說來，我只能在今天和明天跟妳會面，那時間就相當緊迫了，因為妳覺得自己『迷失在人生外面，找不到路回來』，可不可以請妳多談談這一點。妳那樣寫，可是事關生死的事。」

「沒錯，就是那種感覺，很難說得清楚，但我確實有了嚴重的問題。我和我先生帕佛一起來加州，做的無非是每次來都會做的一些事情，和他的重要客戶碰面，拜訪我們的俄羅斯朋友，開車去納帕谷（Napa Valley），上舊金山歌劇院，到好的餐廳去吃頓飯等等。但不管怎麼說，這次就是不一樣。怎麼說呢？用俄羅斯語說就是 otstranenny——變得陌生了。我整個人就像失了魂一樣。無緣無故。就這樣跟周遭絕了緣，覺得自己完全沒有參與，自己所經歷的事情好像根本就與自己無關。還有，又睡不好。真希望我的英文夠好，可以把事情說得清楚一些。美國一住四年，上過許多課，但英文還是一樣爛。」

「妳的英文已經夠好了，把自己的感受也描述得很好。說說看，這種情形，妳自己能說出個道理麼？問題出在哪裡，妳自己認為呢？」

「我困惑得要死。我講過，我以前有過一次嚴重的危機，還接受了為期四年的精神分析。但即使是那時候，也沒有這種感覺。而且從那以後就都過得很好，直到現在好多年了，我都完全沒事。」

「這情形不曾在妳的人生出現過。那就讓我們往回追追看。妳想想這種感覺什麼時候開始的？多久以前？」

「說不來。這感覺太怪異，又模模糊糊的，很難鎖定。我知道我們來加州三天了。」

「妳給我的電子信是一個星期之前寫的，那就是妳來加州之前了。那時候妳在哪裡？」

「我們在紐約待了一個星期，然後在華盛頓幾天，然後就飛來這裡了。」

「有沒有什麼事情是在紐約或華盛頓沒解決的？」

「沒有，就只是平常的飛行時差而已。帕佛開了幾個會，我則一個人走走逛逛。我喜歡在城市裡四處逛。」

「這一次呢？確實想想看，他工作的時候妳做了些什麼？」

「在紐約，我就是到處走。我……你們英文是怎麼說的？……looked at people（瞧人）？還是 people watched（看人）？」

「是看人。」

「好吧，那我就是看人，逛街，白天在大都會博物館度過。啊，對了，我確定在紐約我都沒事，因為我記得，一個晴朗的日子，帕佛和我還搭船遊愛麗斯島（Ellis Island）和參觀自由女神像，我記得我們都玩得很開心。因此，應該是在紐約之後才開始走下坡的。」

「回想一下，在華盛頓妳都做了些什麼？」

「都差不多啦，就平常那些吧。每天都去史密森尼的那些博物館：航太博物館啦、自然歷史博物館啦、美國歷史博物館啦，還有，啊，有了有了！有一件事，很強烈，是我參觀國家藝廊的時候。」

「什麼事，快說說看。」

「看到外面一幅巨大的橫幅，說有芭蕾舞歷史展，我興奮得不得了。」

「好，再來呢？」

「一看到那條橫幅，我就衝進畫廊，興奮得連推帶擠，搶到了前面。我認為我是想要找什麼東西。我知道，我是在找舍傑。」

「舍傑？妳是說妳的第一任丈夫？」

「對，我的第一任丈夫。如果我不跟你講一些我的人生，對你來說，這事就毫無意義了。我可以搬演一下我人生的精彩片段嗎？那可是我在心裡反覆演練了好幾天的。」

想到她準備好要登台了，這一搬演，可能會用掉我們全部的時間，我便回她：「當然，扼要的敘述絕對是有幫助的。」

「首先，你必須要瞭解的是，我完全缺乏母愛，這種一輩子缺乏母愛的感覺是我精神分析上的核心問題。我出生於奧德薩（Odessa），人還沒落地，父母就已經分手。我從未見過父親，母親也從來不提他。我媽幾乎什麼都不講。可憐的女人，老是病兮兮的，後來癌症死了，我還不滿十歲。我記得十歲生日那天……」

「娜塔莎，抱歉，打斷一下，有一點我挺為難。相信我，只要是妳說的，我都有興趣，但我同時也要顧到時間，我們就只有這兩段療程，如果是為妳設想，我就得有效利用我們的時間才行。」

「完全正確。只要一上台，我就會忘了時間。我這就加快，答應你絕不講旁枝末節。總之，我媽死後，她的雙胞胎姊妹，奧爾嘉阿姨，把我帶到聖彼得堡，撫養我長大。奧爾嘉阿姨是個大好人，對我好得不得了，但她什麼都得靠她自己——她沒結婚——她得拚命工作，沒有時間顧到我。她是個傑出的小提琴手，終年隨著交響樂團到處旅行。她知道我舞跳得好，我到了她那兒一年後，她就安排我面試，我表現得不錯，夠她把我寄託給維格諾瓦芭蕾學院（Vaganova Ballet Academy），在那裡，我一待八年，成為一個優秀舞者。十八歲那年，應聘到基諾夫歌劇暨芭蕾劇院（Kirov's Opera and Ballet Theater），跳了幾年。也就是在那裡，認識了舍傑，我們那個時代的偉大舞者，自大狂兼花花公子，也始終是我生命的摯愛。」

「妳說始終？迄今仍然是妳生命的摯愛？」

對我的打斷，她有點不悅，很不客氣地說：「請讓我講完。你要我趕，我已經在加快了，但我要用自己的方式講。舍傑和我結了婚，而且，簡直奇蹟一般，義大利的拉斯卡拉劇院決定聘他，我們就叛逃出國。不管怎麼說，你知道的，那個年頭，誰能在俄羅斯待得下去？我這就來談舍傑——我生命中的主角。結婚不到一年，我痛得癱掉了，醫生說我有痛風。你知道的，對一個芭蕾舞者來說，還有比這病更大的災難嗎？沒有，再也沒有了！痛風結束了我的生涯，還不到三十歲，接下來，你猜，舍傑，我生命的摯愛，做了什麼？他馬上就棄我而去，找上了另外一個舞者。而我呢？我整個人瘋掉了，差點就用酒精殺掉了自己，也差點用一支破酒瓶宰了他，我把他劃成了個花臉，好叫他記得我。奧爾嘉阿姨不得不趕來，把我從米蘭精神病院領出來帶回俄羅斯，也就是從那時候開始，精神分析救了我一命。全俄羅斯就那麼幾個精神分析師，阿姨幫我找了一個，甚至還是個地下密醫。我的分析無非就是舍傑、他帶給我的痛苦，以及結束我這一段淺薄的情事，或許，也包括學會如何去愛——愛自己、愛別人。

「等病情改善，我進了大學，在音樂方面，很快就連我自己都嚇了一跳的發現，我對大提琴滿有天分，雖然沒有好到可以表演，但當個老師卻綽綽有餘，從此就成了個大提琴老師。我的先生帕佛，是我第一批學生中的一個，琴藝是我見過最差的，但卻是個好人，後來更成了一個聰明成功的商人。我們墜入情網，他為我離了婚，然後我們結婚，共度長久美好的生活。」

「簡潔明快，娜塔莎，感謝。」

「我說過了，這在我心裡已經演練過多次。所以我才不願意受到任何打擾，你明白了吧？」

「是的，我知道啦。現在讓我們回到華盛頓的美術館吧。順便說一聲，我的用詞如果妳有不懂的，請打斷我，告訴我。」

「到目前為止都懂，我的字彙還滿多的，為了提升英文程度，我讀了不少美國小說。現在正讀《雨王韓德森》（*Henderson the Rain King*）。」

「好品味，這書也是我的最愛之一，索爾・貝婁（Saul Bellow）是我國的大作家，儘管不是杜斯妥也夫斯基。但還是回到展覽吧，照妳告訴我的情形，看得出來，妳一定激動到不行。究竟怎麼回事，說來聽聽。妳說，妳進去找舍傑，那個妳說是『妳生命的摯愛』的男人？」

「沒錯，現在我十分確定，進入展場時，舍傑就是我的既定目標，我的祕密目標。甚至是對我自己而言，都是個祕密。生命的摯愛，不必然是發生在我有意識的生命。你，一個著名的精神科醫師，這一點應該不會不瞭解吧。」

「是我的不對。」我發覺，她的揶揄反倒顯得迷人、活潑。

「我原諒你——下不為例。現在就來談我看的展覽。他們展出許多莫斯科大劇院及基洛夫劇院的海報，掛在入口的一張就是非常漂亮的圖片，是舍傑在《天鵝湖》中有如蒼鷹般飛躍的舞姿。雖然已經有一點模糊，但我確定，就是舍傑無誤，儘管並未註明是他。整個展覽我找了好幾個小時，就是沒有提到他的名字，連一次都沒有。這怎麼可能呢？舍傑有如神明，但他的名字卻不存在。現在，我記起來了……」

「什麼？你記起了什麼？」

「你問我，我是什麼時候開始迷失自己的。對，就是那個時候。我記得，走出展場時，我整個人彷彿掉了魂一樣，就從那時候起，我覺得我自己不再是自己了。」

「妳可記得自己也曾在展覽中尋找妳自己嗎？尋找妳自己的圖片或名字？」

「那一天的情形我已經不太記得。因此，我必須加以重造才行。這樣說，對不對？」

「我瞭解。妳必須加以重建。」

「對，我必需重建那次展覽。我認為，連舍傑都沒包括在裡面，這對我的震撼實在太大，忍不住對自己說：『如果連他都沒有，怎麼可能有我呢？』或許，我的確找過自己，只不過不抱希望罷了。裡面有一些拉斯卡拉劇院演出《吉賽兒》（*Giselle*）的劇照，但沒註明日期——我曾經演過兩季的夜后梅莎（Myrtha）——我確實記得，我靠太近看一張圖片，鼻子都快要碰到照片，保全跑過來怒視著我，指出地板上一條看不見的線叫我不得穿越。」

「再人性不過了，在那些歷史照片中尋找自己。」

「但我有什麼權利找我自己？再說一遍——我還是覺得你根本沒進入情況。你沒在聽，沒抓到重點，舍傑是神，他翱翔雲端，我們所有其他的舞者全都有如小孩，仰望高高在飛船上的他。」

「這我就不懂了。關於舍傑，且讓我總結一下吧。他是一個偉大的舞者，你們兩個曾在俄羅斯一起演出，然後他叛逃到義大利去跳舞，妳選擇跟隨他，然後嫁給他。後來，妳得了痛風，他突然拋棄妳，姘上另一個女人，以至於妳完全失去了理性，用一支破瓶子劃傷了他。是這樣的，對嗎？」

娜塔莎點點頭。「沒錯。」

「妳離開義大利後，還有進一步和舍傑聯絡嗎？」

「沒有，完全沒有。沒有再見過他，也沒有他的音信，一個字都沒有。」

「但妳還是想念他？」

「是的，一開始，只要聽到他的名字，我就會滿腦子都是他，不得不敲自己的頭把他趕出去。但最後，我還是把他從我的記憶中抹了去。我把他給砍了。」

「他把妳傷得很重，妳把他從記憶中驅逐出境，但上個星期，妳踏進了國家藝廊的展覽，又想起了他這個『生命的摯愛』，開始尋找他，然後，因為他遭到忽略和遺忘，妳就開始生氣。我還真被妳給搞糊塗了，妳知道嗎？」

「沒錯，沒錯，我瞭解。確實是很大的矛盾，我承認。看展覽就好像在我的心裡開挖，不小心挖斷了一根巨大的能量管子，現在噴出來了。我有點胡言亂語了，你懂我的意思嗎？」

我點頭，娜塔莎便繼續：「舍傑大我四歲，所以，他現在七十三了。我是說，如果他還活著的話。然而，一個七十三歲的老舍傑，我無法想像。完全不可能。真的，如果你認識他，你就會瞭解。在我的心裡，我只認識海報上那個永遠飛躍長空的年輕漂亮舞者。我有他的音信嗎？沒有，自從劃破了他的臉，那是好久以前了，我就再沒有他的消息。我可以找他，也許在網際網路上，也許在臉書上，但我害怕，不敢去找。」

「怕什麼？」

「幾乎所有的事情。怕他死了。怕他或許仍然漂亮，還想要我。怕我們會通電子郵件，我心中的痛會承受不了，會再愛上他。怕我會離開帕佛，去找舍傑，無論他在天涯海角。」

「聽妳這樣說，就好像妳與舍傑的人生根本就凍結在時間裡面，存在於某個地方，只要妳重回那兒，所有的一切——兩人的恩愛、澎湃的激情、甚至青春美貌——全都還是一樣。」

「確實如此。」

「然而事實——人生的實景——卻是，舍傑不是死了就是老了，一個七十三歲皺巴巴的男人，灰髮、銀絲或禿頭，或許有點駝了，感覺起來可能完全不同於你們在一起的時候，又或許，每次在鏡子裡看到毀傷的臉龐，便對妳心懷怨恨。」

「說，說，說，你儘管說吧，但無論你說什麼，我都聽不進去，一個字都聽不進。」

時間到了，她走向門口時，注意到了桌上的照片，折回來，我拿起來交給她。她一邊放進皮包，一邊說：「我明天再來，但不准再提這照片了。夠了！」

「我今天晚上飛奧德薩。」第二天來，她劈頭就說。「而且都是你，我睡得很不好，所以，即使今天是最後一次會面了，我也覺得沒什麼不好。你說舍傑的那些話，太殘酷了，你心裡有數。非常殘酷。請回答這個問題：你對你所有的病人都是這樣說話的嗎？」

「何不將它看成是一種恭維呢？我在妳身上看到的是力量。」

面帶一點諷刺，她噘起嘴唇，剛要啟齒，卻又忍下來不說，久久盯著我，深深嘆一口氣，往後靠進椅子裡才說：「好吧，我聽你說。我準備好了。我等著聽。」

「那就先從昨天晚上讓妳睡不著的那些念頭說起吧。」

「我只稍微瞇了一下，因為一整晚都被一個夢纏著不放，一個夢，版本一個接著一個不斷地出現。我人在剛果，跟著某個代表團，突然間我走丟了，找不到其他人。我知道自己正身在世界上最危險的地方，開始恐慌起來。然後，在另一個版本中，我走在一個廢棄的地方，敲門找人，但全都大門深鎖，一個人都沒有。再一個版本，我進到一幢廢棄的房子，聽到外面有巨大腳步聲接近，便躲進一個櫥櫃。又一個版本，我用手機連絡上我的代表團，但卻不知道自己的位置，沒辦法告訴他們我在哪裡。我建議他們點亮並揮動提燈，好讓我能從窗戶看到他們。然而，我發現自己是在一個大城市裡，因此，這個建議也一點忙都幫不上。

「整個晚上都是這樣，在恐懼中等待，害怕什麼可怕的東西會找到我、把我抓走。」她手放上胸口。「即使現在，跟你講這些夢，還是心跳不止。」

「整晚夢魘不斷，真可怕！到底是什麼事情煞到妳了？想想看，告訴我妳心裡出現了什麼。」

「前幾天，我在報紙上讀到在非洲發生的暴行，兒童兵碰到人就殺，但我叫自己不要看下去。每次讀了這類東西，夜裡就睡不好。看到電視有殺戮，我就關機。因為同樣的理由我會走出電影院，次數都數不清了。」

「繼續。把妳記得的夢全告訴我。」

「全都一樣。我在某個地方，一而再再而三，都是命在旦夕。」

「想想『命在旦夕』這句話。自由聯想，試著放開妳的心思、任其流動，就好像從遠處觀察。描述各種流過的念頭，彷彿妳在看電影。」

嘆了口氣，惱怒的神色一閃而過，娜塔莎頭往椅背上一靠，喃喃說道：「我命在旦夕，命在旦夕……」然後逐漸沒了聲音。

大概過了一、兩分鐘，我催促她。「大聲一點，拜託。」

「我知道你想要聽什麼。」

「但妳就是不想講給我聽。」

她點點頭。

「不妨這樣想吧，」我接著說，「妳今天就繼續在這裡沉默下去，等到我們的時間結束。妳就這樣離去，到時候，妳會有什麼感覺？」

「好吧！我說！我當然是命在旦夕！我六十九歲了。前面還有多少個年頭？我的人生全都在過往。我的真實人生！」

「妳的真實人生？妳是說舞台上的，與舍傑共舞的？」

「你跳過舞嗎？」

「只跳踢踏舞，而且通常都是學弗雷．亞斯坦〔譯註四〕的套路，有時候在家裡跳，有時候在外面街上跳。」

娜塔莎的眼睛睜得大大的，瞪著我，一副難以置信的神情。

「開玩笑的啦。我大概是全世界舞跳得最爛的人，但卻最愛看舞，妳演出時觀眾滿堂彩的盛大場面，我就可以想像得到。」

「你呀，還真是個會開玩笑的精神科醫師，而且還挺逗人的。」

「還能夠接受吧？」

〔譯註四〕 Fred Astaire（1899-1987），美國電影演員、舞者、舞台劇演員、編舞家與歌手。舞台與大銀幕演出生涯長達76年。

「還好啦。」

「很好，那麼，有關妳過往的真實人生，有請。」

「人生實在太精采了。人群、攝影師、管弦樂團、舞衣，以及舍傑——相信我，世界上最漂亮的男人之一——外加酒精、舞蹈的陶醉，沒錯，還有狂野的性。之後發生的每件事情，相較起來全都相形失色。」娜塔莎說話時坐到了椅子的邊緣上，講完整個人一放鬆，又靠了回去。

「這會兒，妳的心思又跑到了哪兒去啦？」

「有一件事，我應該要告訴你：最近我一直有種奇怪的想法，那就是現在我活著的每一天，縱使明明是美好的一天，卻還是令人悲傷，只因為這天又使我離自己的真實人生更遠了。這不是很奇怪嗎？」

「就像我之前說的，有如定格的動畫般，那段真實人生仍然存在著。只要有適當的交通工具，我們就可以回到那兒，妳還可以帶我四處去看看，告訴我所有妳熟悉的事物。妳懂我的意思嗎？」

看到娜塔莎點頭，我便繼續下去。「順著這個說法往下，妳的美術館之旅也就可以得到一個解釋了。妳去，要找的並不只是舍傑；妳要找的，實際上是妳自己失去的人生，儘管妳的心思已經成熟，明白一切無常，過往只存在於心裡，早年的世界只是今日的記憶，只是儲存在妳大腦中某個部分的電子或化學信號而已。

「娜塔莎。」我繼續往下說：「妳的人生狀態我瞭解。我比妳老得多了，我也正在處理同樣的問題。對我來說，死亡之為物，最黑暗的部分就是我一旦死去，我的整個世界也將跟著我消失，包括我記憶中的世界、那個由我認識的每一個人所構成的豐富世界、那看似根植於花崗岩上的穩固世界，全都會跟著我消失。噗！就像這樣，有如一陣風一樣的散掉。這兩週我在清理成箱的舊文件和舊照片，我會一一檢視，或許是兒時住家附近一條街道的照片，或許是某個已經沒人認識的朋友或親戚，我全都丟掉；每丟一張，眼看著自己過往的真實世界飄然而逝，心裡頭就打個顫。」

娜塔莎深深吸一口氣，聲音放柔和了些，說：「你說的我全都瞭解。謝謝你跟我說這些。這樣具體的親身體驗，對我意義重大。我知道你講的是事實，但要承認這種事實卻很困難。我這就講我自己的感覺吧：此時此刻，就這個當下，我就感覺到舍傑在我的心裡振動。我知道，他拚命想要留在那裡，想要活著，想要跳舞，永遠跳下去。」

「關於舍傑，我有話想講。」我對她說。「我認識不少人，回去參加高中同學會，馬上就陷入了戀愛，對象有時候是過去的男友，通常則是些並不怎麼熟悉的人，其中以晚婚定下來的還不少，有些成功，但有些很慘。依我看，他們之中有許多都是透過聯誼而相愛，這也就是說，他們喜歡年輕人的那種歡樂，亦即早年的學生歲月，以及一種對刺激生活的夢想和期待，這種期待，既美妙且無止境。但那並不真是愛上了某一個特定的人，只是把那個人當成了一個象徵，所代表的則是他們青春歲月的一切歡樂。我要說的是，舍傑其實就是美好青春時光的一部分，因為，他是妳那個時期的愛之所寄——也就是說，妳把愛都放在了他的身上。」

娜塔莎仍然沉默。隔了約兩分鐘，我問她：「在這一陣沉默中，妳心裡想的是什麼？」

「我想到的是你的書名，《愛情劊子手》（*Love's Executioner*）。」

「妳覺得我之於妳就是愛的劊子手了？」

「你能否認嗎？」

「我記得，妳告訴我妳愛帕佛，而且與他有著美好的生活，妳說這些時，我別無他想，只為妳和他感到高興。所以呢，我獵殺的並不是愛。愛的幻象才是我的獵物。」

沉默。

「說點什麼吧。」

「我聽到來自內在的一個極溫柔的聲音，一種低語。」

「說什麼呢？……」

「說：『去你的，我不會放棄舍傑的。』」

「那需要時間，而且要以妳自己的步調去走。讓我問妳一個不同的問題吧：從我們開始到現在，妳有沒有什麼改變？」

「改變？你指的是什麼？」

「昨天妳描述的那種失魂落魄、沒有任何感受、脫離現實的虛脫感，所有這些症侯現在有沒有什麼不同了？以我看來，在這當下妳非常投入我們的療程。」

「這我不否認——你完全正確。我沒有比此時此刻更『當下』的了。雙腳都踩進了滾燙的油裡，還真讓我不得不全神貫注。」

「妳覺得我很殘忍？」

「殘忍？不完全是，但很強硬，真正的強硬。」

我瞄一眼時鐘，只剩下不到幾分鐘。如何最有效地運用呢？

「娜塔莎，我以為妳會有問題問我。」

「哼，還真不尋常。沒錯，我有個問題。你是怎麼做到的？都八十歲了，感覺到盡頭一天天地接近，你是怎樣應付的？」

就在我思考如何回答時，她卻說了：「算了，我才殘忍。原諒我，我不該問這個問題。」

「妳的問題一點也不殘忍，我喜歡妳問。我正在構思，該如何老實回答妳才好。叔本華有一句話，拿愛情與使人盲目的太陽相比。到了晚年，當愛情黯淡時，我們才突然注意到被太陽掩蓋、隱藏的燦爛星空。因此，就我來說，青春的激情——有時候還滿專橫的——消逝時，正好使我可以欣賞到星空之美，以及更多的人生之美，那些我以前忽略掉了的美好。我年屆八十了，有些事看似難以置信，我卻要告訴妳，那就是：我從來沒有覺得更好過，從來沒有這樣感覺平安過。沒錯，我知道自己大限已近，但從一開始，盡頭就已經在那兒了。不同於過去的是，現在我擁有純粹知覺的樂趣，而且我夠幸運，可以與我的妻子——一個我相知了一輩子的人——分享這一切。」

「謝謝你。再一次，我要你知道，你這樣不見外地跟我聊這些，對我實在太重要了。有趣的是，就在你講話的時候，這個星期早幾天做的一個夢跳進了我心裡。這個夢其實我已經忘了，卻又突然回來，現在清晰得不得了。夢裡，我走在一條廢棄的道路上，不知道為什麼，我知道，前一個走過這條路的是我的狗，巴魯。然後，我看到巴魯在路邊，便走過去，俯下身子凝視牠，心裡想到，你和我，我們兩個都是生靈，然後又想，我並沒有比牠更好。」

「伴隨著這個夢的心情呢？」

「起初，我很開心再度看到自己的狗狗。但告訴你，巴魯死了，在我啟程來美國之前的三個星期。牠陪我度過十六年的歲月，那段悲傷的時間還真難熬。事實上，前來美國我是欣然上路，以為就此可以減輕感傷。你有養狗嗎？如果沒有，不會瞭解。」

「我沒養狗，但我愛貓，而且可以體會妳有多痛苦。」

她猶豫了一下，點點頭，看起來似乎是滿意我的回答。「沒錯，確實很痛苦。我先生說我痛苦得過頭了。他認為我跟巴魯太過於親近，就像是我的孩子。我好像沒告訴你，我沒有小孩。」

「所以說，在夢裡面，妳走過巴魯幾個星期前走過的路，然後，妳凝視著他，說：『我們兩個都是生靈，我並沒有比你更好。』妳認為，這個夢想要傳達的是什麼？」

「我知道你在想什麼。」

「說出來。」

「夢說的是，我知道自己正走在死去的路上，和巴魯一樣。」

「和所有的生物一樣。」

「對，和所有的生靈一樣。」

「那妳呢，妳怎麼想的？」

「我覺得，現在這整個對話把事情弄得更糟了。」

「讓妳覺得更不舒服了。」

「再多幾次這樣的療程，我就要用救護車送回家了。」

「昨天妳描述的那些症侯——脫離了人生、處於絕緣狀態、失了魂似的——作用都在於麻痺妳自己，免於身為一個生靈定然會受的痛苦。且讓我們回顧一下我們開始的情形：妳帶著自己的照片進入我的診療室——」

「喔不，別再提那個了。」

「妳不准我談，我知道，但我偏要談，因為，那實在太重要。請妳聽一聽我要講的，其實妳心裡有數，無論我講什麼，妳早就一清二楚了。某些東西，從外面聽來的，是很容易擋開的，反而是那些從內心深處升起來的東西才不容易擺脫。我相信，妳在某些地方早已有了答案，而且和我要告訴妳的並沒有什麼兩樣。說起來，一切都在妳和巴魯走同一條道路的那個夢裡面了，這夢為我們的疑惑提供了鑰匙，正好趕在我們結束的時候，回歸到妳身上。至於妳一開始給我看的照片，則給了我一個暗示，引導我應該走的方向。」

「你說這一切我都知道？你太、太、太看得起我了。」

「我可不這樣想。我只是和妳英雄所見略同而已。」

我們兩個同時看著時鐘，超過了幾分鐘。站起身來收拾東西時，娜塔莎說：「如果我還有問題的話，我可以用電子信或 Skype 再回頭找你嗎？」

「當然。但請記住：我老了，所以別等太久。」

4 謝謝妳，莫莉

幾個月前，參加一場戶外告別式，送別我的資深簿記莫莉——一個無所不能的婦人，幫我做事，一做數十年，既是個天使又是根芒刺。開始僱用她是在一九八〇年，當時我賦閒一年，住在亞洲和歐洲寫作，請她幫忙整理郵件及處理帳務。等我回來沒多久，她就嫌自己的角色不夠重，得寸進尺，一點一點攬下了全部家事。又沒過多久，我們的整個財務、家計、帳單、郵件，以及文件、手稿和合約的歸檔整理，就全都由她經手管理了。她解雇我的園丁，另組自己的園藝團隊，到後來，甚至組成了自己的粉刷、清潔及雜工團隊——儘管如此，除非是小事，她無不堅持事必躬親。

她要做的事，沒人攔得住。一天回到家，我發現車道上好幾部卡車，莫莉人站在一棵巨大橡樹底下，招呼著數十公尺上面的一名男子，告訴他哪一根樹枝要鋸掉，就差沒有自己爬到樹上去了。她信誓旦旦，說這事有跟我討論過，但我確定沒有，終於忍無可忍，當場就請她走路；後來因為別的事，我至少又請她走人三次，但沒有一次真正走掉。每次我對她的待遇有意見，她就理直氣壯提醒我，有許多個夜晚，老婆和我為了帳單和支票的結算弄得焦頭爛額，都得等到她來才有辦法搞定，然後還乾脆建議我，每個月多看兩個小時的病人來付她的薪水。她當仁不讓，說自己不可或缺，至於我要她走路或對她的待遇有意見，都不是完全真心，因為我知道她是對的。她罹患胰臟癌去世，我深感難過，知道自己再也找不到能取代她的人了。

一個陽光燦爛的下午，莫莉的告別式在她兒子的大後院子裡舉行，我驚訝地發現，一同出席的還有好幾個史丹佛同事。我不知道他們也是她的客戶，但我想起來，她曾經大力推崇嚴格保密守則，堅不透露任何客戶的身分。追思儀式結束，我立刻起身離去，要趕去機場接幾個朋友，但剛推開臨街的大門，就聽到有人叫我名字，轉身看到一位莊嚴老者，頭戴一頂寬大的巴拿馬帽，由一名風姿卓越的婦人護著，向我走來。乍見之下，我一時認不出來者，他自我介紹道：「我是艾溫．克羅斯，這是內人莫妮卡，半輩子之前，我曾經找你治療過。」

我最恨這種情況。認臉一向就不是我的強項，加上我又有了年紀，那就更加退步了。一時間我覺得，自己如果不記得這個以前的病人，怕會傷了人家的感情，因此不免躊躇，指望記憶之舟入港靠岸。「艾溫，幸會。幸會，莫妮卡。」

「歐文．亞隆。」她說：「有幸相見，實在歡喜。常聽艾溫提起你。我們能夠相識，結為夫妻，擁有兩個好孩子，還是託你的福呢。」

「如此美言，深感榮幸。實在抱歉，腦筋不管用了，艾溫；但過一會兒，我們共度過的時光就會都記起來了——到我這個年紀，就是這個情形囉。」

「我那時候是史丹佛放射科醫師，現在也還是。去看你，則是在我弟弟死後不久。」艾溫說，試圖激起我的回憶。

「啊，對了，對了。」其實我在說謊。「我想起來了。若有機會，還真想和你長談，瞭解一下你在療程後的生活，但我趕著要去機場接朋友。我們可以在這個星期稍後喝個咖啡聊聊嗎？」

「十分樂意。」

「你還是在史丹佛？」

「是的。」他從皮夾裡拿出名片遞給我。

「謝謝，我明天給你電話。」我說，火速離開現場，掩飾自己的記憶流失。

那天晚上，我到資料室去找有關艾溫的筆記。翻尋病人檔案時，想到這些紀錄中的陳年往事——多數令人振奮，有時不免悲慘——每則都帶出一齣引人入勝、我自己也參與其間的雙人劇，重溫這些已經遺忘的舊時遭遇，實在很難置身事外。在一九八二年的部分，我找到艾溫·克羅斯的檔案，雖然只跟他見面十二小時，檔案卻厚厚一疊。在那個沒有電腦的時代，還好我奢侈的能有一個貼身祕書，聽我口述每個療程的冗長細節。打開艾溫的檔案，開始閱讀，不過一會兒，變！所有的一切都在我心裡活了過來。

艾溫．克羅斯，史丹佛放射科醫師，來電要求做諮商，談談個人的問題。來看我的史丹佛醫師，許多都非常準時，絕不會遲過兩分鐘，他們總是偷偷摸摸進我的史丹佛醫院診察室，唯恐別人知道自己來看精神科醫師。克羅斯醫師卻不是，悠哉遊哉，坐在門診候診室看雜誌。我走近他，自我介紹，他和我握手，緊緊地，大步走進診察室，神色平靜自信，坐在椅子上，直挺挺地。

照首次療程的往例，一開始，我還是把自己所知道的講出來。「克羅斯醫師，我對你的瞭解，都是從我們的電話對話中得到的。你是史丹佛醫院醫師，你聽了我最近發表的一次病例研討，談我對一位乳癌垂死病患所做的心理治療，因而覺得我可以幫得上忙。」

艾溫．克羅斯給我的第一印象是溫文爾雅，三十多歲，身材挺拔，兩鬢微花，言談充滿自信。穿著和我一樣，白色醫院外套，左邊口袋上繡著各自的名字，深藍色的書寫字體。

「既然如此，說說看，我在研討會所談的哪些東西，讓你覺得我可以幫上忙？」

「我的感覺是，你對病人有愛心。」他打開話匣子。「你描述一個腫瘤科醫師無情地把放射線掃描結果丟給你的病人，還有你的病人知道自己的癌細胞已經擴散轉移，緊緊抓住丈夫時的恐懼——那種接到死刑判決書的恐懼，使我大為震動。」

「沒錯，我記得。但請說明這與你我今日相會之間的關係。」

「啊，我就是寫那些判決書的傢伙。我寫這種報告有好長一段時間了，五年了吧，你所說的，讓我對自己的工作有了不同的瞭解。」

「讓你更有貼身的感受？」

「正確。在放射觀察室裡，我們遭遇的不是整個病人。我們找的是鈣化的區域或腫瘤的增大。我們找的是可以秀給學生看的異狀，譬如被腫塊位移的器官、骨髓瘤脫鈣的骨頭、腫脹的腸子、多出來的脾臟。永遠都只是零件，身體的零件。從來就跟擁有整個身體的整個人無關。但我現在會想，醫生讀我的X光報告給病人聽時，病人是什麼感覺？臉上有什麼表情？這使我感到有些不安。」

「最近才有的改變？聽了我的談話之後？」

「啊，沒錯，確實是最近，部分是因為你。若不是這樣，只怕這麼多年來我早就幹不下去了。再說，如果一個放射科醫生，會被病患對報告的反應嚇壞，你就不會想要由他來判讀你的X光片了。」

「那當然。我們兩個的領域截然不同，不是嗎？我是拚命想要靠近，你們則拚命要保持距離。」他點點頭，我便繼續說下去。「但你說，你的改變有『部分』是因為我的談話。那另外一塊又是什麼呢？」

「這一塊可不小塊，是兩個月前我弟弟的死。死前幾個星期，他要我看他的片子。是肺癌。因為重度吸菸。」

「談談你和你弟弟吧。」所有的精神科住院醫師都學過，要做好一次有系統的訪談，首先要把病人的主訴抓出來，接下來則是要建立一個輪廓架構——病人截至目前的病史，其中包括對病人的家庭、教育、社會生活、性發展與職業生涯的探討——然後才進入複雜的精神檢視。但這並不表示我凡事都要求按部就班；只不過數十年下來，我習慣了這樣的系統化而已。一如所有經驗豐富的治療師，在資料的蒐集上，我主要還是靠直覺。對於自己的直覺，我再有信心不過，弄到我不得不懷疑自己是否還能指導新手治療師，因為剛出道的治療師總是一板一眼，心中所見，無非準則而已。

「我弟弟傑森打電話找我談他的片子時，是我這十五年來第一次聽到他的聲音。」克羅斯醫師說。「我們曾經大吵過。」他嘆口氣，看著我，嘴唇打顫。眼見此景，我不免驚訝。那是我第一次看到他的軟弱。

「多跟我談些。」我把語氣放柔和。

「傑森小我兩歲——活著的時候小我兩歲——我想我是個很難跟上的榜樣。我是那種，在班上總是名列前茅的好孩子。毫無例外地，可憐的傑森每上一所新學校，就會被一堆老師包圍，異口同聲說起我，說他們希望他也是和我一樣的學生。搞到最後，他選擇不競爭，乾脆放棄。進了高中，他根本連書都不翻了，藥嗑得很兇。競爭，或許他沒那個能力吧，我覺得，他不是那塊材料。

「高年級結束時，他愛上一個女孩，就此決定了他的未來。女孩藥癮很大，漂亮卻庸俗，智力有限，立志當個美甲師。沒多久，他們就訂了婚，一天晚上，他帶她來家裡晚餐。那真是超級大災難，至今還像在眼前：兩個人，又邋遢又骯髒，摟摟抱抱，又親又吻，完全目中無人。我爸媽、爺爺奶奶，全都傻眼而且深惡痛絕。老實說，我也一樣。

「家裡每個人都不喜歡他的女朋友，但沒人講，大家都知道，講了他只會變本加厲。因此，爸媽交給我一個任務，要我就她的事警告他。同時，爸媽還要我答應，絕口不提是他們要我出面干預的。我擺出一副老大哥的架式，和傑森來了一次談話，挑明了講。我告訴他，結婚不是鬧著玩的，有一天他想要的會比這樣的婚姻更多、多得多，而做為一個妻子，她會搞垮他。第二天，一早醒來，我們發現他走了，家裡所有的錢和銀子也一併帶走。從此他再也沒跟我們任何人說過話。」

「家人給你出難題。做也不是，不做也不是，說說那情況吧。難道沒有別的兄弟姊妹了嗎？」

「沒了，就我們兩個。反省起來，我認為，我或許可以當一個比較好的大哥，多年前就應該想辦法跟他聯絡的。」

「這個，再說吧，還是回到前面。首先，你弟弟離家後，他怎樣了？」

「就此消失。從那時起，我們只從他朋友那邊得到一點點他的音訊。他做建築工，然後是石工。我聽說他的手藝還滿好的，最後跑去建壁爐及石牆。繼續大量用藥。然後，突然之間，大約兩個月前，他來電話說：『艾溫，我是傑森，得了肺癌。你要不要看看我的X光片？我的醫生說，給你看OK的。』

「我當然同意，問了他醫生的名字，並答應當天就連絡那位醫生。我這才知道傑森住在北卡羅來納，我問他，可不可以去看他。他停了好一陣子——停得夠久，久得讓我以為他掛了——才同意了。」

我端詳他。他看起來繃得很緊，非常難過。我不得不想，我們會不會進行得太深入，太快了。幾乎連招呼都沒打，就一頭栽進了黑暗的深水之中。我給他時間喘一口氣，讓他思考一下我們之間目前的進度。

「我的計畫，就如我在電話裡告訴你的，我們今天見面協調一下，看看開始治療是否恰當。你以前接受過治療嗎？」

他搖頭。「沒有，我這可是開洋葷。」

「那麼，克羅斯醫師，請告訴我——」

「如果你不介意，直接叫我艾溫好了。」

「好的，我嘛，你就直呼歐文吧。來，說說看，到目前為止，跟我談得怎麼樣？我們似乎一下子就把氣氛弄得沉重起來。或許太快了吧。」

他搖頭。「不會。」

「進度還可以？這樣討論你可以接受？」

「我對傑森之死的反應正是我想要討論的。我還滿驚訝——甚或驚喜——這麼快就談到了。」

「到目前為止，有什麼問題嗎？」我問，希望藉此建立自由對談的規範。

他似乎有點困惑，然後，搖了搖頭說：「沒有，我最在乎的就是把這件事情告訴你，我非得把這事講出來才行。」

「那麼，請說。」

「接到傑森的電話之後，我立刻跳上飛機到北卡去看他。到了羅利（Raleigh），我先去見他的醫生，看他的片子。傑森的腫瘤很要命，穿透左肺轉移到了肋骨、脊椎及腦部。完全沒有希望。

「我開了一個小時的公路，然後轉入一條北卡的泥土路，去到一間破屋，比個棚子還小，卻有一個滿像樣的壁爐，是他為自己造的。看到他的樣子，我整個人都傻掉了，他的癌症已經大獲全勝，把我弟弟變成了一個老人，瘦得不成人形，身體痀僂，臉色慘灰無神。大麻抽個不停。我抱怨那氣味，他就改抽香菸。『對於肺癌，這不是什麼好辦法。』我幾乎脫口而出，但忍住了。看過片子，我知道，再說什麼都是多餘，所以就找了個地方坐下，看著我那成了癌窩的弟弟，菸一根接著一根抽。有兩次，他點菸時，我接觸到他的眼神，沒錯，輕蔑依然。我一輩子都忘不了那景象。」

「這讓我有點想到，多年前你們不同意他選的伴侶時你碰到的兩難，說也不是，不說也不是。」

「當時我確實也是這樣想。不停地抽菸根本就是瘋狂，但這還要我來告訴他，同樣也是瘋狂。沒錯，回到當初，把我對他未婚妻的看法告訴他確實是個錯誤的決定，儘管如此，對於他們的關係，我沒看走眼卻也是事實。說起來真可恥，當他告訴我，早幾年他老婆帶著小女兒及所有藏在家裡的錢消失時，我還有點得意呢。從此以後，他再也沒有她的消息。我倒是略有耳聞，她們在做養草賣草的生意。」

「那麼，接下來你們兩人之間發生了些什麼？」

「我最後總算做了一個大哥可以做的事，盡我最大的努力。我問他，關於他的情況，別人是怎麼說的。他的醫生倒是乾脆——告訴他，治療可以做的不多，統計數字顯示，他頂多只能活幾個月。硬著心腸，我證實了醫生的診斷與悲觀的預後，並對他的疼痛提供了一些醫療上的建議。我告訴他，他不孤單，還有我在。我想擁抱他，但時間的鴻溝實在太巨大，難以跨越。我給他錢，卻又為了他會去買毒而感到不安。儘管如此，我還是在離開前放了三百塊錢在廚房桌上。對此，他或許感激，但絕不認帳。我不知道自己還能做些什麼。不怎麼真心地，我叫他來加州，他根本不考慮，也不考慮化療或其他任何治療，儘管那樣可以讓癌細胞緩和一些，或讓他舒服一點。他說：『反正也沒差。去他的。』我盡量跟他談家人、談往事，他卻只是說要忘掉一切。歐文，換了你，或許知道還能說些什麼，我卻一籌莫展。走的時候，我們同意保持聯繫，但他沒有電話。他說，他會用鄰居的電話打給我。」

「打了嗎？」

「從來沒打。我聯絡不上他。幾個星期前，北卡一家醫院傳來消息，他走了。我回到東部，把他埋在我們家族的土地。」

「對此，你心裡的感受？」

「孤單。那裡只有年老的叔叔、嬸嬸，和兩個幾乎不認得他的堂兄弟。我爸媽十年前死於一場車禍，兩台車對撞。傑森的葬禮上，我反反覆覆不斷想著，幸好家人都死了，不必看到這一切。太可悲、太可惜的一條生命。」

「就從那時起，你對自己工作的感覺起了變化？」

「是的，就在那之後沒多久。我開始害怕去工作、害怕看片子、害怕寫報告通知病人，說他們要死了。有關工作的每件事，尤其是胸腔片子，都讓我想起傑森。」

我在心裡琢磨著，事情看起來挺清楚的。一個正正常常的人，因為受到兄弟之死的刺激，充滿死亡的焦慮，日常工作中反覆受到死亡陰影侵襲。對於接下去要怎麼做，以及如何幫助他，我有十足的把握。會談時間接近尾聲，我對他說，我認為自己幫得上忙，並提議我們每週見面。他似乎鬆了口氣，好像剛通過一個面試。

接下來的療程中，我又多得知了一些背景資料。他父親是維吉尼亞鄉下的家庭醫師，母親陪著在家庭診所裡當護士。艾溫走的是醫學預科生路線，直升維吉尼亞大學，然後在紐約進醫學院、在加州擔任放射線科住院醫師。單身未婚，感情關係不少，但都不長。此外，傑森來電之後，他再也沒和女人出去過。

我請他提供最近以來的生活細節，典型、全天候的，從上床算起。這一招顯然把艾溫照了個透徹，這一來，我發現，他生活中沒有什麼親近的人。儘管工作日有學生和同事可以一起忙，週末卻都是一個人，通常都是獨來獨往，吃飯幾乎全都是打單份：早餐和中餐在醫院餐飲部，晚餐外帶回家，或在餐館一角吃份快餐，通常都是在壽司店或生蠔吧。同事早就放棄為他介紹女人，視之為獨身主義者。有些同事的太太嘗試把他當成孩子們的叔叔一樣，邀他參加假日或慶祝的家庭餐會。沒有知心的男性朋友或信得過的人，儘管約會不斷——（在那個前網路時代）大部分來自報紙上的交友廣告——約會一、兩次之後，關係就草草結束。很自然地，我會追問那些無疾而終的結局，但他從不給我一個清楚交代，更詭異的是，對這種事情他自己倒是出奇地不在乎。我註記了這種現象，以備未來探討。

他的睡眠一般來說還不錯，通常七到八小時。雖然不太想得起做過什麼夢，但記得有個夢魘反覆出現，上個月裡夢到過好幾次。

「我在浴室裡照鏡子，突然看到一隻大黑鳥猛衝進入屋裡，既不知道牠是從哪裡來的，也不知道牠是怎麼進來的。屋裡的燈光開始暗下來，然後完全熄滅，一片漆黑。我嚇到了，往別的房間跑，但我聽到也感覺到，翅膀撲動的聲音如影隨形。我一驚而醒，心跳如搗，奇怪的是，我還如電勃起（譯註一）。」

對於自己流利地說出雙關語，他不覺露齒笑了。

我也回之以露齒一笑。「如電勃起？」

「有聲有色，歷歷在目。」

「你對這個夢有什麼感想，艾溫？不妨放任一下你的思路。換句話說，想到什麼就說什麼。」

「再明顯不過了。這夢講的是死亡……大黑鳥……愛倫坡〔譯註二〕的大鴉、掠食鳥、吃路死者的禿鷹……我最恨禿鷹，常常拖著傑森帶我們的二十二S步槍去打牠們……這些射擊活動我記得很清楚，我們經常做的。再來，是屋裡的燈熄掉……我知道，那是生命的消逝。我怕死，怕得要死。」

「常常想到死亡？」

「傑森死後，幾乎天天都在心上。在那之前，幾乎從來沒有過。我還記得，爸媽喪命的時候，死亡的念頭與恐懼一湧而上。當時我已經在史丹佛。我記得接到我叔叔的電話，好像還是昨天的事。當時我正在看電視，看籃球賽轉播，勇士對湖人。」

「真是可怕，就那麼一下子，父母就都沒了。」

〔譯註一〕　原文為 with an electric erection 也可譯成「有一台電器」。

〔譯註二〕　Allan Poe（1809-1849），美國詩人及小說家。

「真是晴天霹靂，突如其來，完全出乎意料。頭兩、三個星期，我整個人失魂落魄，就像走在漫天大霧裡。以淚洗面還不足以表達我的震驚。但說來奇怪，沒過多久我就克服了，重新回到正常生活，遠比這次碰到傑森之死容易得多。」

「理由何在，你知道嗎？」

「我認為，關鍵在於我對自己及爸媽都沒有遺憾。我們彼此相愛。他們以我為榮，我是他們的好兒子。他們活得充實有價值，左鄰右舍都愛他們，婚姻美滿，少受了老年人要受的苦。對他們，對自己，我都覺得清爽，了無遺憾……」

「『了無遺憾』，還有呢？你好像沒把話說完。」

「你真是明察秋毫。好吧，若說還有遺憾，那就是我爸媽都活得不夠長，沒看到我結婚，沒看到他們的孫子。」

「我這還是第一次聽你提到結婚或小孩。這方面有什麼計畫嗎？」

「一直都在想。只不過沒什麼進展。」

順著他的話，為後面的討論鋪路，同時也為他的悲傷找出更迫切的癥結。

「你對傑森之死的悲傷強過於你父母的逝世，這並不令我意外。看起來滿不合理的，但一般說來，當我們失去了關係圓滿的對象，即便哀傷卻不難平息，然而失去我們不太滿意、有好多未盡之事的對象，反倒比較不容易釋懷。傑森死後，你和他的關係瞬間凍結在一種未完成的狀態，無從解決。但我可要勸你，千萬不要那麼自責。傑森有他自己的業，你沒盡到一個好哥哥的力，責任並不全在你。」

「你是說，傑森自己要負責？」

「部分責任總是跑不掉的。如果沒有一個好弟弟，想做個好哥哥恐怕也做不成。儘管如此，我很高興你總算和傑森有了個結果。整個看來，你是真心要找到他的。」

艾溫點點頭。「一切能做的我都做了。真的很辛苦，到處找都沒有他的下落。葬他的時候，我覺得自己好孤單。」

「沒有別人陪你一道嗎？」

「只有兩個堂兄弟，但我跟他們並不親。我的外公外婆都早逝，阿姨和舅舅，我幾乎都不記得。」

療程結束後，我整理筆記，檢視了幾個重點，準備後面的討論，包括：艾溫夢魘中的死亡恐懼、對婚姻的期待、不論男人女人他都保持距離、以及他對這方面的缺乏好奇。還有黑鳥夢魘結尾怪異的「如電勃起」。

接下來的療程中，艾溫多談了些對父母之死的悲痛。回想那一刻，當他明白自己成了孑然一身的孤兒時，當真是深創鉅痛。一時間，回維吉尼亞接手父親診所的念頭讓他稍感安慰，但很快地，他放棄了這個打算。

「在維吉尼亞過我爸爸的日子，那就好比把自己給埋葬了。我選擇留在加州，但悲傷卻蹂躪我的睡眠。一連好幾個星期，苦不堪言。只要一關燈，心跳加速，我就知道，那一晚沒得睡了。就這樣，夜復一夜。」

「我想你一定試過鎮靜劑？」

「什麼都試過了——甚至連舊藥都用，像速可眠（Seconal）、三氯乙醛（chloral hydrate）、多睡丹（Doriden）——你命名的。全都沒用。」

「那你又是怎麼解決的呢？花了多久時間？」

「搞到最後……」他躊躇起來，滿長一段時間，話講得吞吞吐吐。「搞到最後，我養成了在床上自慰的習慣。那是，呃……那是唯一有效的，從此以後，我每天晚上自慰，那成了我的安眠藥。」

艾溫漲紅了臉，顯得很不自在，我給他一點喘息空間，把話題轉開，帶到我們之間的互動上。「看得出來，講這些，讓你很不自在。」

「『很不自在』算是輕描淡寫了，依我看，簡直就是超級難堪。我從來沒跟任何人說過。」

「老實說，你這麼信任我，還真讓我感動。但拜託哦，不管你有多難堪，我還是得要分析一下，這很重要。你知道嗎？難堪的感受並不能獨自成立，至少需要有另一個人才會發生——在這件事上，那就是我。我認為，你之所以難堪，這中間含有你對我的期待，包括我會怎麼樣接受你的表白，以及我會有怎麼樣的感覺。」

艾溫點頭。

「你在點頭，可以多做點解釋嗎？」

「這還挺難的。我總以為，你會覺得我真是怪異——一個晚上吸吮自己大拇指的嬰兒，一個丟臉丟到家了的怪胎。沒錯，怪胎，恰如其份。你一定覺得噁心。心裡想說：『沒錯，你沒有女人搞，只好每天晚上打手槍。』」

「亂講，艾溫，我可沒這樣想。完全不是這樣。我是不加評斷的，完全實事求是，只求理解。許多想法在我心裡來來去去。我想到，你在父母死後，晚上熄了燈，心跳加速，由此而想到睡眠與死亡之間的關聯。據我所知，有許多人都說過，睡眠——失去意識——就是預嚐死亡的滋味。你知不知道，在希臘神話裡面，塔納托斯（Thanatos）與息普諾斯（Hypnos）——死亡與睡眠——是雙胞胎兄弟？」

艾溫用心聽著。「不，我不知道。有趣。」

「還有。」我繼續說：「你說你成了孤兒，這一點也很重要。我聽很多父母雙亡的人也這樣說過。我母親在父親過世後十年離世時，我也有同樣的想法。父母離世，我們難免覺得脆弱，因為，我們不但要處理至親的喪失，還要面對自己的死亡。我們一旦成了孤兒，在我們與墳墓之間就沒有別的人了。因此，我一點都不意外，當你全家人都撒手而去時，你會覺得自己暴露於死亡之中，害怕死亡，死亡的焦慮讓你覺得自己更加脆弱。」

「你說了好多啊。你認為，熄燈之後，我心跳加速，是因為我正處於死亡的焦慮之中？」

「沒錯。在你的黑鳥夢魘中，燈光暗去，還記得嗎？黑暗的降臨就是在為我們對死亡的知覺設置舞台。我還有一些事情要說，是我心裡的另一部分困惑──有關於你的性興奮。」我知道，自己一口氣說得太多了，但話一出口，就煞不住。「我把性想成是對抗死亡的主要力量──高潮豈不正是原始的生命火花？用性興奮化解死亡恐懼的例子我就知道許多。我認為，在你的夢魘結束時造成『勃起如電』的是保護機制，這也說明了你用自慰自我紓解，對抗死亡的焦慮，使自己得以入睡。」

「歐文，這些想法對我來說都是全新的。而且太多了點，我沒辦法一次消化。」

「我並不期望你這麼做。重要的是，我們反反覆覆做了仔細的檢查。在我的專業領域，這就是所謂的『修復』〔譯註三〕。」

接下去的療程中，針對他對死亡的焦慮，我繼續以誠懇的態度加以解析。我做了一份詳細的死亡紀事，包括他之前所有的死亡記憶。舉例來說，我問他，他第一次對死亡有概念是什麼時候。

他想了一、兩分鐘。「我想，大約是五、六歲的時候吧，我們的牧羊犬麥克斯被車撞了。我還記得，我哭著跑進父親的診所，就在我們家的前面房間。父親抓起他的黑色提箱，衝到外面，俯身檢查倒在路邊的麥克斯，搖搖頭說，沒救了。就是那個時候，我懂了。懂得『死亡就是修不好了』。就算是我爸出手也修不好——我爸是幾乎任何東西都修得好的。

「另外一次是幾年之後，大概是我七年級的時候，我的老師瑟斯敦夫人告訴我們，班上的一個男生萊爾富——和我同年，跟我一樣的小毛頭——因為小兒麻痺症死了。直到今天，在我的腦海裡，萊爾富的容貌依舊清清楚楚，大耳朵，隨時都立正站好的粗硬頭髮，明亮而充滿好奇的棕色眼睛。但令我感到不解的是，我跟他其實並不熟。我從來沒在學校外頭和他相處過。他住得很遠，每天都由媽媽開車送上學。而我走路上學，跟班上其他幾個人一道，玩也是跟這幾個玩在一起。但萊爾富的臉我還記得，其他人的，全都沒印象了。」

「有意思。」我說。「依我看，萊爾富的臉之所以在你的記憶裡印得那麼清楚，一定是和某些與死亡有關的強烈潛在想法脫不了關係。」

艾溫點點頭。「沒得說的，我想也是這樣。在主日學上，聽大人談到天堂，我記得我還去問過我爸。他說沒這回事，那是神話。他是個唯物主義者，我想就和大多數醫生一樣。他的觀點是，大腦沒了，心意識也就沒了，一切知覺與感官、一切東西，也都跟著沒了。死亡就是『熄燈』。你同意嗎？」

我點點頭。「我跟你老爸同一國。脫離肉體的意識，我無法想像。」

無言對坐好一陣子。難得的好時光。我覺得跟艾溫很貼近。「你老爸給你的回答對你有什麼作用？消除了你對死亡的焦慮嗎？」

〔譯註三〕 Working it through，心理學用語，指針對問題，特別是情緒問題，反覆思考，得到洞察或透徹了解，使問題得到紓解。

「沒有，什麼安慰的效果都沒有。一切隨之結束的說法，或至少對我個人而言結束了——這對我一點說服力都沒有。」

艾溫和我在好幾個療程中一同反覆檢查了這些問題，從不同的角度，思考其他可靠的記憶，探討一些新的、相關的夢，鞏固我們的成果。然而，治療逐漸慢了下來。我一向認為，病人對於每一個療程都要勇於嘗試，治療才會進行順利，但艾溫不再勇於嘗試，我們也就沒有新的突破。沒多久，按照預定的進程，艾溫開始質問起我們在做些什麼。

「對於你的用意，我有點困惑，看不懂我們到底要走去哪裡。我們是在想辦法解除我的死亡焦慮嗎？但不管怎麼說，我們不是全都怕死嗎？你不怕嗎？」

「我當然怕。對死亡的恐懼是每個人天生的。因為怕死，我們才能夠存活下來。不具備這種特質的人，早在幾百萬年前就被淘汰了。所以說，我的目標並不在於消除恐懼，而是在於你，艾溫，恐懼已經變成某種更巨大的東西，一種在你揮之不去的夢魘中、趕也趕不走的恐怖，並入侵到了你的日常工作中。我說的對不對？」

「啊，並不全對。我有注意到，我已經稍微有點改變了。或許比較好了，不再做惡夢；工作現在也ＯＫ；而且很少再想到傑森。所以，接下來呢？我懷疑，我們是不是該結束了？」

治療過程中，每當症狀消失，病人恢復了過去的平靜，這種問題很自然就會出現。但真的到了結束的時候嗎？單單消除症狀就足夠了嗎？我們是不是還該追求更多？病人的潛在人格及生活方式製造了這些症狀，我們難道不該試著去加以改變？我盡量柔和、技巧性地引導艾溫繼續往前探索。「艾溫，說到底，你是否已經完成、準備要結束了，完全由你自己決定。但我認為，我們不應該就此放棄，不妨更密切地檢視一下，是什麼有助於你的改善的。如果找得到有幫助的因素，或許你以後還用得上。」

「是什麼幫上我的？好難的問題。沒錯，有些事情跟你談談，是有幫助。但為什麼有幫助？我只能用猜的。或許剛好有事情發生，第一次把某些事掀開來。沒錯，知道你是真心關懷我，對我確實有幫助，我爸去世以來，還沒有其他人讓我有過這種感覺。」

「是的，我感覺得到。我還感覺到，你勇於做真正的嘗試，而且善用我們相處的時間。」到目前為止，一切順利，我心裡盤算著，想要更進一步。「但現在，我認為，我們準備好了，可以多做一些了。我覺得有一點很重要，那就是探討一下你為什麼像現在這樣安排自己的生活。你的社交技巧不錯，看起來也一表人才，又說跟我這樣密切往來使你獲益匪淺。所以，我忍不住要問，你為什麼排斥與別人密切往來的可能性？你寧願這樣封閉地活著，癥結究竟在哪裡？」

對我的問題，艾溫顯然沒興趣，我一邊說他就一邊在搖頭。「你明白的，從私密到公開，有一個連續光譜。有些人天生外向，有些人卻偏好私密。至於我，我以為我剛好是在這個光譜最『私密』的這一端。我喜歡自己一個人。」

來了。以心理治療的行話來說：抗拒登場了。雖然知道他很強硬，我卻不放棄。「才不過幾分鐘前你還說，跟我這樣敞開地聊聊，知道我真正關心你，很讓你覺得舒服自在。」

「沒錯，但我從來就沒有這種需要。」

時間要到了，我們停下來時，艾溫說：「我不覺得我們有什麼進展。」想到我們的療程，我不禁感到驚訝，事情的變化還真快。到這個療程為止，艾溫和我各方面都配合得滿好，但這會兒，突然之間，我們好像成了對立的兩方。不對，越是思考事情的發展，我發現，艾溫的深層抗拒其實並不令人意外；早在我探討他和女人之間那種露水關係時，我就已經感覺到了。我還記得，他拒絕談這個問題，又想到，當時我還因為他對自己缺乏好奇而感到困惑。事實上，當一個人連對自己都缺乏好奇時，也就無異於對治療師高舉牌子說，他不願意更深入了。我知道，這事情絕不簡單。

下一個療程中，抗拒依然。他拒絕正視自己的社會退縮，態度強硬至此，我深信，這裡面一定有強大的力量在作祟。孤立退縮的人我以前看的多了，但像他這樣善於社交技巧又具有親和力的卻不多。這一回，我真的被難倒了。這中間定有蹊蹺。

「艾溫，有些心裡話我要跟你說。在我們最初幾次會面中，有一次，你把你一天二十四小時的活動行程都告訴了我，當時我很為你感到難過。你的生活中似乎不太有溫暖或與人的接觸。這實在和我認識的艾溫不太相稱，不符合你的直爽與親和，也不符合你成長的家庭生活型態。我知道你的兄弟有問題，但聽你說起父母親，卻都是呵護照顧有加，又是典型的恩愛夫妻，像你這樣背景的人，長大成人後，應當是不至於自絕於人的。」

「我承認，我的確是該做些改變，而且我一定會做到的。」

我鍥而不捨。「但時間是不等人的。我記得你說過，十年前，你父母親過世，你覺得遺憾他們沒看到你結婚，沒看到他們的孫兒女。這些遺憾又怎麼說？你難道對自己又沒有遺憾？你過的生活難道是你自己想要的？」

「我講過了，我自會做些改變。但這並不是我當前的首要之務。還記得吧，我是為了什麼來找你的。我來，是因為我弟弟的死造成的焦慮。我的社交生活跟這八竿子搭不上關係。」

我從箭袋裡抽出最後一支箭。「我不同意。這兩者之間可是有著極大關聯的。你且聽我說。我反覆做過觀察，經驗到死亡恐懼的多寡與人生空白的多寡是密切相關的。正因為如此，我才要把你現在的人生品質放到核心地位來。」

看來我找到了共振的和紘了，艾溫陷入一陣沉思，但隨即做出回應：「或許以後再說吧。我現在過得很好，不覺得目前有必要費這些精神。」

分析這個抗拒，分析這個抗拒——每次遇到這樣的瓶頸，我就會如此叮嚀自己。我緊咬不放：「在我們的頭幾個小時中，你非常配合地檢視對弟弟之死的反應，同時又勇於分享你的私密人生，所有這些都令我印象深刻，讓我覺得我們合作得十分成功。但在最近這些療程中，我們真的是毫無進展。我絕對相信，你明明知道還有許多事情該做，但卻退縮不前了。感覺起來，你似乎不再信任我。」

「不對，最後面那句話不對。」

「那就幫幫忙，讓我瞭解到底是怎麼回事。是什麼地方讓你覺得不一樣了？」

「問題不在你，歐文，而是在我。很簡單，就只是有些事情我現在還不想談罷了。」

「我知道，你會嫌我糾纏不休，但請再縱容我一下吧，最後一個問題了。

我有一種感覺，你現在還不想說的事情，跟你和女人的關係有關。之前，你曾經說你的感情都是露水關係。我在想，問題是否和那些關係中的性面向有關？」

「不，那不是問題。」

「那麼，問題出在哪裡？」我知道自己越線了，我幾乎有點在敲詐我的病人了，但我停不下來。我的好奇心已經點燃，一發不可收拾了。

意外的是，艾溫居然打開了一線門縫。「我認識過許多女人，都很棒，但每次結果也都一樣。我們出去，一起吃飯，性事美好，彼此喜歡，然後，或遲或早，幾次約會之後，女的到了我家裡。然後事情就到此為止。」

「為什麼？怎麼會呢？」

「只要她們看到了我家，我也就再也見不到她們了。」

「為什麼？她們看到了什麼？」我仍然毫無頭緒，一頭霧水。

「她們倒盡胃口，不喜歡她們眼睛所看到的，不喜歡我打理我家的方式。」

艾溫和我同時看了看時鐘，超過了幾分鐘。他走出診療室，我則有一個病人在等。但我冒了一個險。

「你願意把這事吐露給我，我真的很開心。我有個大膽的建議，我認為對你的治療非常重要。下次的治療，我想到你家去做。下個星期的今天，下午六點，如何？」

艾溫深呼吸一口氣，放鬆自己。「我不確定，需要想一想。睡一覺再說吧，我明天給你電話。」

「沒問題，打到這裡，早上七到十點。」這段時間是我寫東西的時間，通常都是不讓人打攪的。但這事情真的很重要。

第二天早晨，七點剛過，艾溫打來了。「歐文，我沒辦法，煩了一晚沒睡。你要來我家，我真的不知道怎麼應付，而且，我總不能為了等到下個星期而好幾個晚上不睡吧。我要停止治療。」

千頭萬緒閃過我的腦海。我在這一行待得夠久，知道很多病人都會回頭再做治療。只要有了一些成果，有了一些變化，他們就會停下來。治療停止之後，情況穩定幾個月或幾年，然後，在未來的某個時間，他們又會回頭再來做更複合性的治療。任何成熟的治療師都了然於這種模式，也都會耐心以對。但我不覺得自己夠成熟。

「艾溫，我敢說，你是在怕我看到你家之後的反應，或許你會覺得丟臉，又或許，你擔心我對你的觀感？」

「我不否認，這的確是部分理由。」

「我感覺得到，你的想法其實是兩面的。其中一面你已經暗示過，就是你覺得自己見不得人的那一面。但你也有想要改變的一面，這一面讓你決定要把你問題的根本告訴我，也是這一面讓你真正想要過一種不同的生活。我所要下功夫的就是你的這一面。根本無需等一個星期。你今天上午的行程是什麼？我可以現在就過去。」

「不要，這我可受不了。」

「艾溫，你本來可以把自己的人生導入一條不同的、更滿意的道路，但你卻拒絕這個機會，我認為，你之所以排斥這個選項，是因為你害怕我給你下的評斷。但你已經知道，這種恐懼根本就是莫須有。其次，我要拜託你把眼光放遠一點看：我心中的感覺瞬息就過去了，你卻拿來嚇你自己，影響你僅有的人生的整個過程。這，有道理嗎？」

「好吧，歐文，我被你打敗了。但我現在不行。我要上班，而且我今天白天排得滿滿的。」

「什麼時候可以？」

「今晚七點左右。」

「七點半我過去，做一個療程，怎麼樣？」

「你保證，這事準沒錯？」

「相信我，我保證。」

準七點半，我抵達他位於陽光谷（Sunnyvale）的別緻小屋，距離我在帕羅奧多（Palo Alto）的診所數里之遙。虛掩的前門上，透明膠帶黏著一張便條紙，上面寫著：「門沒鎖。」我還是按了門鈴，然後進入。客廳最深處，艾溫坐在一張大躺椅上，面對著窗戶。我只能看到他的後腦杓。他連頭都沒轉。

我想過去他那邊，但真的不知道怎樣才過得去。地板上幾乎看不見可以落腳的地方，全都是一疊又一疊堆得老高的舊電話本子——他從哪弄來的這麼多？——又厚又大的藝術書籍、火車時刻簿、成疊的泛黃報紙，以及成堆的舊科幻小說。我也喜歡科幻小說，而且我忍住了，沒讓自己在一座《紐約時報》的古墓上坐下，拿一本起來翻閱。能看到的硬木地板就那窄窄幾條，大約十吋寬，一條通往緊鄰的廚房，另一條到艾溫的椅子，第三條則通到一條沙發，上面擺滿了灰塵厚厚的書籍、成堆的舊X光片及病歷。

當時是一九八二年，「囤積」一詞尚未出現，也還不是精神病學和日間電視尋常可見的議題。像艾溫家裡這樣的情形，我不僅聞所未聞，也無從想像。若要大費周章搬到別的房間去，那實在不可能，於是，我小心翼翼尋路，曲曲折折來到一張最靠近艾溫的椅子上坐下，對著他的背。

「艾溫。」我大聲開口，我跟他的椅子距離約五公尺。「感謝你答應和我在這裡見面。你同意讓我來看看你家固然很重要，現在這更讓我覺得，我們的會面必需要繼續下去。我知道，這對你來說多麼不容易，你允許我進入你的生活與你的家，我真的很感謝。」

艾溫點頭，但仍保持沉默。

我竟然不知從何說起。我明白，要瞭解眼前這種囤積的亂象，我們要做的無非是從意義和起源上去下功夫，但這一刻摻雜著羞恥與憤怒，最緊要的反而是檢視一下我們兩個人的關係。

「艾溫，我很抱歉讓你這樣為難，但也沒有別的辦法。我們必須要一起面對問題。我知道，這對你不容易，但這可是向前踏出一大步——很大的一步——我們需要徹底談談。我在想，有沒有什麼地方我們可以坐近一點談？」

艾溫搖搖頭。

「或許我們可以到外面走走？」

「現在不行，歐文，今天我能做的就這些了，而且我想休息了。」

「好吧，那就明天，同樣這個時間，七點半，明天晚上，在我的診所，可以嗎？」

艾溫點頭。「明天早上，第一件事就是給你電話。」

我又坐了幾分鐘，沒說什麼，然後告辭。

第二天早晨，艾溫來電。我一點也不意外，他說：「歐文，抱歉，但我真的沒辦法。千萬不要以為是我不滿意你的表現，但我真的沒辦法再見面，至少現在不行。」

「艾溫，我知道，是我逼急你了——或許太急了——但回顧一下我們的成果。我們現正面臨了緊要關頭。」

「不要，不是現在。到此為止。或許，我以後會再打給你。現在，我自己可以應付。我要開始整理我家了。」

闔上艾溫的資料夾。從那次去他家之後，我就再也不曾見到他，也沒他一點消息，直到昨天在莫莉的告別式上重逢。他怎麼也會在那兒？跟莫莉又是什麼關係？回想起來，我們最後一次會面後的一段時間，我都會想到艾溫，心想不知他近況如何，每經過走廊或在醫院餐廳中，也都會四周看看找他。我記得，就在我和他的最後一個療程之後，我還和一個相熟的老朋友——也是精神科醫師——長談，說自己因為一個個案處理得一蹋糊塗，心情非常沮喪，想要請他來幫忙開導一下。但現在，昨天在莫莉的告別式碰面之後，我不禁有了新的想法。我真的是處理得一蹋糊塗嗎？艾溫看起來好得很，而且有兩個孩子，一個可愛的妻子，又說他們的婚姻還是多虧了我。事情怎麼會這樣呢？看來當時我還低估了自己的功力。這樣一想，我的好奇心又點燃了。

§ § §

我們約在醫院附近一家小店喝咖啡，選了一張角落的桌子，求個清靜。

「抱歉。」我起個頭。「我一下子沒認出你。我說過了，年歲大了，認人就差了。但別以為我沒想起你，艾溫。那時候我常常在想，你到底過得怎麼樣？特別是，我覺得我們的工作功敗垂成，留下一個尾巴給你自己去處理。我喜歡追根究柢，這你是知道的。我想，昨天我一下子沒認出你，是因為我根本沒想到會在莫莉的告別式上碰到你。你是怎麼認識莫莉的？

艾溫的臉上浮現一絲驚訝。「你不記得啦？我們最後一次療程之後，隔了一天還兩天，你打電話來，把她介紹給我，要我請她來幫忙把家裡徹底整理好。」

「啊，老天，我完全忘了這回事。你真聯絡了她？」

艾溫用力點點頭。「是的，沒錯。你是說，她從來沒跟你提到我？」

「從來沒有。她有她的道義原則，問她有哪些客戶，她的嘴巴緊得跟蛤蜊一樣。但我跟她提到你，已經是三十年前的事了。你到現在還記得她？」

「不，不是這麼回事。事情是這樣的，我當時立刻打電話給莫莉，她就接手了。我是說，她完全接手了。不過幾天時間，我家就脫胎換骨，從來沒有那麼乾淨過，從此以後，她照顧我的房子、我的帳單、我的稅，我的一切事務。我一直都是她的客戶，直到她過世。我常告訴莫妮卡，對你，我銘感五內。是你把我的人生扭轉過來的，你給我的太多了。但最重要的，是你給了我莫莉。這些年來，她每星期來我家一次，從來沒有間斷，照顧每一件事情，直到兩個月前病倒為止。我一路走來，她是最棒的，當然，除了莫妮卡和我的兩個好孩子。」

這次見面過後，我的思緒翻騰不已。我心想，心理治療的效果實在是令人難以捉摸。我們做治療師的人，在工作上拚命追求精確，立志做個實事求是的經驗主義者，為病人的感情歷程與ＤＮＡ序列中的故障零件提供精確的修補。但真正做起來的時候，卻又不是那麼回事，往往會發現，我們與病人在復原之路上跌跌撞撞時，自己居然都是在即興演出。過去，我經常為此感到氣餒，但如今，正值我的黃金歲月，對於人類思想行為的複雜與不可測，驚嘆之餘，早已經能夠泰然相對。時至今日，我不再會為不確定感到無所適從，因為我瞭解到，把事情說死，純粹是一種傲慢。如今，有一事倒是我可以篤定的，只要我能夠營造一個真誠關愛的環境，病人自會找到他們需要的幫助，其方式之奇妙，往往超乎我的預期與想像。謝謝妳，莫莉。

5 別把我圈進去

親愛的亞隆醫師：

我是一個七十七歲的老（前）執行長，一年前搬進喬治亞州一家安養之家。地方很好，但不管用：我有嚴重的長期適應不良問題。過去一年，一直都在看一位治療師，但我們的合作最近陷入了困境。我可以和你見面諮商嗎？我隨時都可以飛往加州。

瑞克·伊凡

三個星期後，瑞克·伊凡踏進我的診療室，從容自信，儼然我這裡的常客一樣。外表看來，果然符合我心目中高階主管的模樣：身無贅肉、風度翩翩、神色自若。高爾夫球手的古銅膚色，舉手投足有王者之風，鼻子與面頰宛若出自雕塑大師之手，大可以登上任何上流社會退休社區文宣小冊的封面。而那一頭濃密的銀髮，分邊服貼，煞是好看。我不禁自慚形穢，摸了摸自己的濯濯童山。雖然無法完全抓住他的眼神，但他的眼睛，熱情卻帶點憂傷，我喜歡。

瑞克不浪費時間，一邊入座一邊就打開了話匣子：「你那本書，《凝視太陽：面對死亡恐懼》（*Staring at Sun: Overcoming the Terror of death*）很有力量，非常有力量。尤其是對我這個年紀的人。我會在這裡，全是因為這本書。」

他看一眼手錶，彷彿在檢查我們是否準時開始。「我就直說吧。如同我在電子信裡說的，一年前我住進安養之家，菲爾羅恩橡樹園。老婆去世後，我本來以為可以在家裡大顯身手了，但拚了十八個月的老命，一事無成，即使有一大堆的家務幫手也沒用。採購、煮飯、打掃，真是有夠煩，有夠孤單，所以，我就搬了。但還是不管用。我不怪菲爾羅恩橡樹園，那裡好得很。但我就是不能適應。」

瑞克的旁若無人，令我十分驚訝。他居然不曾打量一下我的診察室——甚至連一眼都沒有——也不曾禮貌性地打一聲招呼。一路飛越這個國家來看我，他卻沒正眼朝我這個方向看一眼。或許他太過於焦慮，外表只是裝出來的。也或許他是任務導向，一心只想著要以最有效率的方式利用自己的時間。所有這些，到後面我會再拿出來談。眼前，我鼓勵他繼續講他的故事。

「怎麼個不適應法？」

他手一擺，把我的問題丟到一邊。「到時候我自會跟你講。首先，我要談一談那個我已經看了有一年半的治療師。一位好女士。她幫我度過悲傷，這沒問題。她幫我站起來，撫平傷痛，回復正常，回到世界。但現在我們停頓下來了。這不怪她，但我們的治療只是在浪費時間和金錢，儘管她開的價沒有你那麼高。我們就只是在打轉，翻來覆去談的都是同樣的東西。然後，讀了你的那本大作，還有也讀過你的其他作品，我突然冒出一個念頭，如果找你諮商，或許可以讓我的治療充電啟動。」即使是在講這番話的時候，他還是沒看我一眼。這還真有點怪異，因為，他顯然不是害羞的人。他就只顧著說下去。「我知道治療師都有佔有欲，對這種事情很敏感，所以呢，我決定用一種外交模式和她談這件事。不要誤解，我不是要徵求她同意。我要找你，是由不得她的。結果，她倒是相當正面的肯定這個想法：『很好，很好，好主意。找他做個諮商。我完全認同。加州還滿遠的，但既然花錢花時間，哪有比這更值得的？』她說要給你寫一份簡報，談一些我們的治療，但我卻有點惱火了，告訴她我已經是個大男生，對於你的代打，我大可適當應對的。」

「惱火？為什麼？」是時候了，我把自己拱進了他的獨白。

「我雖然老了，但還不至於沒用。怎麼跟你接觸，我自會盤算。」

「只此而已？這也值得惱火？更深入一點。」有股推力，讓我比平常更想找碴。

瑞克的節奏慢了下來，或許這會兒，他總算注意到我了，但還是沒有正眼瞧我。「啊，我不知道。或許惱火她想到把我趕走了而有點得意忘形，也或許是我希望她會有點捨不得吧。但我懂你的意思。我知道我的惱火並不理性，畢竟，她和我是要利用這次與你的諮商，幫助我們延續我們共同的工作。她並不是真的想要擺脫我，何況她已經把話說得很清楚了。但我老實跟你說吧，我就是這感覺，惱火，今天我會毫不保留。這筆投資，我要我的錢花得值得。你知道的，你的收費加上機票，讓開銷大為增加了。」

「談一談你對安養之家的適應情況吧。」

「等一下。」他又把我撇到一邊。「首先，讓我開誠布公把話說清楚，菲爾羅恩橡樹園非常好。一個好得要死的單位，若是要我來經營，我認為，我也不會做太大的改變。我的問題全都是我自己的──我承認這一點。菲爾羅恩橡樹園一應俱全。伙食很好，活動辦得多得不得了。高爾夫球道有一點太好打了，但以我的年紀來說正好。問題出在這裡：內在的矛盾讓我一癱就是一整天，什麼事都不能做。每次要開始做件事，心裡卻又想要做別的。我現在不按行程走了──至少不按照別人安排的──那不是我。那些行程都是為其他人排的。我幹嘛非在每天下午四點去上游泳課？非在上午十點上時事課？我幹嘛每次都非把門鑰匙放到門上的袋子裡？我幹嘛非在每天同一時間用餐？那就不是我了。真正的我，真正的瑞克．伊凡，崇尚隨性。」

他把頭轉向我。「你是從專科學校直升醫學院的，對不對？」

「對。」

「然後進了精神科，對不對？」

「沒錯。」

「很好，我卻幹過九個工作。」他舉起九根手指。「九個！而且他媽的都幹得很好。起頭是小角色，印刷學徒……然後，做印刷工人……然後，辦一本雜誌……然後，當出版商，出好幾本雜誌……然後，成為一間小教科書出版公司的老闆……然後，買下並成立了好幾個董事會及心理障礙護理所……然後，經營一家醫院，再來，信不信由你，受訓成為一名諮商顧問，進入組織開發部門……然後，當上兩家不同公司的執行長。」他往椅子上一靠，看起來很得意。該我說些東西了。我心裡並沒有什麼定見，但總算有了個開頭，期望靈感之神能指引我。

「很多條不同的路。很難把它們歸類。說來聽聽，瑞克——啊，我們就直呼名字好吧？叫我歐文？」

瑞克點點頭。「我喜歡。」

「瑞克，現在回頭看自己的生涯，你有什麼感覺？」

「聽著，你要知道，所有這些變動可都不是迫不得已的。所有這些經歷，我從來不曾失敗過。我只是隔不多久便會厭煩，不想把自己鎖在一成不變的生活模式裡。我需要變化。隨性。我再說一遍：隨性——那才是我！」

「那現在呢？」

「現在？啊，關鍵正在這裡。隨性，原來是樣好東西，原來是我的力量，我的指南針，現在卻變成了一個魔鬼。注意了，情形是這樣的：每當我要做些活動，無論是健身、有氧運動、時事課、瑜珈課……我的心就會劈里啪啦講些別的出來。我聽到自己內在的聲音在問：『幹嘛要做這個？為什麼不做別的？』我就猶豫不決了。結果呢？結果就是，搞到最後我什麼都沒做。」

瑞克說話的時候，我在自己的腦袋裡搜索著，想到了布里丹之驢，一個古老的哲學悖論，講的是一隻驢子被人牽到兩堆同樣美味的乾草中間，結果卻因為無法決定該選哪一堆而活活餓死。但我覺得，說這些對瑞克並沒有什麼好處，那無非是想要殺殺他那副跩相的氣焰，賣弄自己的博學罷了。於是，我又想到另一個概念，對他而言比較能夠接受，也比較有用。「瑞克，讓我把剛剛閃進我心裡的東西跟你分享一下吧。」

我知道自己在放水，但那往往會得到補償——病人通常都會感激我的分享，如此一來，便有助於做出更多的分享。「這或許還滿有趣的。多年以前的事了，我在什麼地方寫過，但很多年沒想過了。有一天，我發現自己的眼鏡不太有用了，便去看我的眼科醫生，一個年紀挺大的人。驗光之後，他問我的年紀。『四十。』我回他。『四十？』他邊說邊摘下自己的眼鏡，細心擦拭著，然後說道：『啊，年輕人，時候到了，老花眼。』我記得，自己當時怒火中燒、想要跟他說：『什麼時候到了？誰時候到了？你或你的其他病人或許時候到了，我不是！我不是！我跟你們可不一樣。』」

「好故事。」瑞克回道。「我好像在你的哪一本書裡讀到過。我懂你的意思，但這根本和我無關嘛。數學我懂。我七十七歲了，我們還是別把時間浪費這上面。我已經能夠接受現實了，不僅每天告訴自己我已經七十七了，我那位千篇一律的治療師也老是對我耳提面命。要從家裡搬進菲爾羅恩之所以那麼困難，關鍵就在於我不情願面對自己的年齡。但我已經在行動了，現在談的可都是新東西了。」

哼，看來分享我的眼鏡故事還算不上是什麼好點子。瑞克不是那種我隨便拿閃過心裡的東西放放水、套套交情就可以打發的人。與其說他是要找我來幫助他，不如說他是要來跟我別苗頭的。我決定把自己的焦點調整得更精確些。

「瑞克，之前你說過：『隨性——那才是我。』」

「沒錯，那是我的符咒。那才是我。」

「那才是我。」我重覆一遍。「如果我們把這句話換個說法，那就成了『如果我不隨性，我就不是我了。』」

「沒錯，我覺得是這樣。聽起來滿有意思，我覺得是這樣，但……你的重點是？」

「啊，這個說法還隱藏了另外一層含意。聽起來很像是你在對自己說：『如果我不隨性，我就不存在了。』」

「我就不存在了，就我來說，就我這個人來說。」

「我認為，這樣一說，意思就更深遠了。那就好像是說，你相信你的隨性可以擋住你的死亡。」

「我知道，你說這些無非是要幫助我，但我真的抓不到要點。你的意思是？……」他兩手前伸，手掌對著我，十指張開。

「我想到的是，在某個更深的層次，你可能覺得，放棄了你的隨性就會有危險，會使死亡更接近。我的意思是，如果我們理性地看待你的情況，問說：『把某些事情排入行事曆真會有什麼威脅嗎？』七十七歲了，把你的鑰匙放到某個指定的地方是有意義的。我確信那樣做是必要的。很明顯地，上健身課或時事討論都要在某個特定的時間，同樣也是有意義的，因為，唯有在指定時間集會，一個團體才能存在。」

「我可沒說我的想法是理性的。我承認，那根本沒有意義。」

「但我們如果假定，那是某種深層的、並非全然有意識的恐懼所促成的，那就有意義了。我認為『排入行事曆』對你來說，就意味著亦步亦趨跟隨著大家邁向死亡。菲爾羅恩橡樹園幫不了你，因為在你心裡，它和生命的結束，還有你的無能為力——甚或不情願——有著關聯，來做療程，一定是一種無意識的抗議吧。」

「根本就是牽強附會。聽你說得頭頭是道的。其實我就只是不願意排隊，帶著條毛巾，跟其他那些老傻蛋做水中有氧操罷了，但那並不表示我拒絕接受我的大限。我不要劃線。我不要把自己框到任何線裡面。」

「我不要進到任何線裡面，因為？……」我問道。

「我指定線；我不站到裡面去。」

「換句話說，我不進到線裡面，因為我特殊。」

「該死的，沒錯。我告訴你我有過九份工作，理由在此。」

「伸展自我、擴張自我、實現自我，這一切努力看起來都有道理，看起來很適合人生的某一時段，但或許並不適合人生的這一時段。」

「你現在還在工作。」

「是呀，有什麼問題要問我嗎？」

「好吧，為什麼你還要工作？你真能跟得上你的年紀？」

「很好。就讓我試著來回答吧。我們全都是以自己的方式面對老年。我知道自己很老了。沒什麼好否認的，八十歲，是老了。我工作少了——現在看的病人少多了，一天大約只看三個。但剩下來的時間還是寫不少東西。我老實告訴你吧，我熱愛自己的工作。能夠幫助別人，我覺得福氣，特別是那些人，面對的問題正好是我自己也要處理的——年齡，退休，配偶或朋友的去世，以及思考自己的死亡等等。」

這是第一次，瑞克居然沒有回應，靜靜地望著地板。

「對於我的回答，你的感覺？」我輕聲問。

「我不得不佩服你。你能夠直接面對難題。朋友的死亡，自己的死亡。」

「還有，你對死亡的看法。你常常想到死亡嗎？」

瑞克搖搖頭。「我根本不想。我幹嘛要想？又沒什麼好處。」

「有的時候，念頭會在不知不覺間跑進心裡，譬如作白日夢，或夜裡作夢。」

「作夢?我不太作夢的……一個都沒有，好幾個星期……但奇怪，昨天晚上居然有兩次，印象滿深的。」

「把你記得的說出來。」我拿起筆記本。來做療程之前，兩個夢。我有預感，有點苗頭了。

「在第一個裡面，那時候，我在學校操場上，操場四周有很大的鐵鏈子圍住——」

「瑞克，我打斷一下。你可不可以用現在式描述——就好像現在看見一般。」

「好的。我這就說。我在學校操場上——也許是我唸的初中——那裡正準備一場棒球比賽。我四下瞧瞧，發現所有的人都比較年輕。全都是小孩子——小毛頭——穿著制服。我也想玩——真的想——但覺得怪怪的，因為，我太大了。然後，我看到老師……看起來很熟，卻又認不出來。我走向他，問他怎麼辦，就那時候，發現操場另一區有幾個年紀大些的人——和我年紀相仿的——正在準備別的比賽——或許是高爾夫，或許是槌球——不太確定是什麼。我跑去加入他們，但無法越過球場四周的圍鏈。」

「對這個夢的感覺，瑞克？把心裡想到的都說出來。」

「對了，棒球。年輕的時候我常玩。我最愛的運動，打得很好。我是頂尖的游擊手、台柱。可以打校隊，甚至職業隊，但我要上班。我爸媽沒錢。」

「繼續。多講講夢。」

「好吧，小孩子在玩，我也想玩，但我不再是小孩子了。」

「說說你對此的感覺？或在夢裡的其他感覺？」

「好啦，我的治療師老是問這種問題。我不記得我的感覺了，但讓我想想看——開心，剛開始看到有球賽——那是其中一種感覺。然後是難過和沮喪，當我知道自己不能玩。你要的既然是感覺，那好，昨天晚上另一個夢，有些感覺更強烈些。我非常惱怒，非常挫折。在那個夢裡，當時我在……我正在浴室裡，在鏡子裡看著自己，但鏡子模糊了，像是水氣造成的。我拿一瓶噴霧清潔劑，壓到瓶子裡的最後一噴，又是擦又是洗的，但鏡子就是沒變乾淨。」

「是不是很奇怪，之前，你好幾個月沒作夢——」

「我說的是好幾個『星期』。」

「對不起，好幾個星期你都沒作夢了，然後，昨天晚上，就在我們要見面的前一晚，卻連作了兩個清清楚楚的夢。好像是為了今天的療程作的似的，看來，你的無意識給我們送來一些解謎的線索。」

「老天爺，虧你想得出來——我的無意識送來祕密訊息給我的意識，為我的精神科醫師解密。你饒了我吧。」

「別急，讓我們一起來檢驗看看。想一想你來這裡的主要問題，你無法和你的社區調適，你被別種想做的事綁住，動彈不得，什麼都沒做。對不對？」

「是呀，你說的沒錯。」

「可以確定的是，第一個夢講的就是這個。記住，夢幾乎全都是視覺的，只透過視覺形象傳達意義。因此，注意看你夢裡的畫面所呈現的人生困境。你想要打棒球，那種你還是小孩時最愛的運動、你極有天分的運動，但因為年紀，你沒辦法加入。另外還有別的運動，是你的年齡群玩的，但你也無法加入，因為你無法越過球場四周的圍鏈。所以說，一種運動，你太老，另一種，你被圍在外面。對不對？」

「沒錯，對啦，對啦，我懂你的意思。好吧，那或許是說，我根本搞不清楚自己的年齡。那是說，我是蠢蛋，以為自己還年輕，可以打棒球。我不屬於那裡。」

「其他的運動呢？」

「圍鏈後面的？那一部分不清楚。」

「心裡還看得到那圍鏈？」

「是。」

「繼續看，讓對圍鏈的想法進入你的心裡。」

「陳舊的鐵圍鏈。當小孩的時候，我常常隔著鏈子看大孩子打球。啊，對了，我有參加鎮上乙組聯盟的一個隊，中央球場有一個小缺口，如果沒人趕我們的話，我們常在那兒看比賽。一般來說，圍鏈——到處都看得到。」

「如果圍鏈會對你說話，它會說什麼？」

「哼，佛里茲．波爾斯〔譯註〕的小把戲，哈？我記得，我在諮商課程中學過。」

「你說對了。關於夢，佛里茲略知一二。繼續，圍鏈會說什麼？」

「啊，最傷腦筋的來了。」

「什麼？」

「啊，此刻我聽到有一個旋律在我的心裡唱。〈別把我圈進去〉（Don't Fence Me In）。你知道這首歌？」

「記得一點。」

「事情是這樣的。上個星期，那旋律跑進我的腦海，好幾個鐘頭，怎麼趕都趕不走，像背景音樂一樣響個不停。我想要記起全部歌詞，但沒辦法，最後上 YouTube 找到一個羅伊・羅傑（Roy Rogers）騎在馬上的影片。點入，唱起來。真是好歌！然後，看到一個電腦廣告，說可以把這首歌的旋律當成我的手機答鈴，我心一動，就點了。但我發現每個月的收費嚇死人，就不要了。」

〔譯註〕 Fritz Perls（1893-1970），德國心理治療師，完形治療法創始人。

「歌詞記得一些嗎？」

「沒問題。」瑞克閉上眼睛，低聲唱起來：

啊，給我土地，星光閃耀於上的廣袤土地
別把我圈在裡面
讓我馳騁於我所鍾愛的遼闊鄉野
別把我圈在裡面
讓我獨自擁有晚風
靜聽棉花樹的低語
從此告別，我請求你
別把我圈進去

「太好了，瑞克，感謝。你唱得很有感情。這首歌——〈別把我圈在裡面〉——還真唱出了你的人生困境。你說你想用這旋律做電話答鈴，我覺得滿有意思的，不知道這是否有幫助。」

「那當然是會突顯我的困境。只不過，對問題的解決一點幫助也沒有。」

「那就讓我們換到另一個夢——你拚命擦洗鏡子的那個？還有噴霧瓶壓到最後一噴？有什麼感覺？」

瑞克閃過一抹微笑。「你真是把我給操夠了。」

「那是你的夢。你可是責無旁貸。」

「好吧，我的鏡中形象模糊掉了。我知道你接下來要說什麼。」

「說什麼？」我揚起下巴。

「你會說我不瞭解自己，我的形象對我自己是模糊的。」

「沒錯，那可能正是我要說的。那最後一噴呢？」

「那就再清楚不過了。我七十七了。」

「完全正確，你想要對準自己的焦點，但你無能為力，沒辦法把形象弄得更清晰，而且，時不我予了。我很欣賞你在夢中做的努力，還有你不遠千里而來的用心。很顯然地，你的內心有一股強烈的願望，想要瞭解自己，想要對準自己的焦點。我佩服你。」

瑞克抬起眼睛，終於抓住了我的目光。

「感覺如何？」我問。

「什麼感覺如何？」

「你剛才的動作：注視我，凝視我。」

「我不懂你的意思。」

「對我來說，你這是第一次真正地注視我，我們第一次真正的接觸。」

「沒想到治療諮商還會是一堂社交課。這又是從哪裡跑出來的？」

「是你之前說的一句話：『我寂寞得要命。』我在想，跟我一起在這個房間裡，你到底有多寂寞。」

「這我可沒想過。但我承認，你說得有道理。我不是沒有朋友，但我就是不聯絡。」

「如果你肯談一下你一天二十四小時的作息，我就可以瞭解你多一點。上個星期的，隨便選一天吧。」

「好吧，我的早餐……」

「你什麼時候起床？」

「六點左右。」

「夜裡一般的睡眠？」

「大概六到七個小時。晚上十一點左右上床，讀點東西入睡，大概到十一點半或十一點四十。起來小解大約兩、三次。」

「你說過，你不常作夢。」

「我很少記得有作夢。關於這方面，我的治療師一直認為我有問題，告訴我，每個人每天晚上都作夢。」

「早餐呢？」

「我很早就到餐廳去。我喜歡那樣，因為我可以一個人坐下來，邊看報紙邊吃早餐。一天剩下來的時間，你已經知道了。我把自己陷在做與不做之間，苦不堪言。如果天氣好，我就一個人散步，至少一個鐘頭。中餐通常獨自在我房間裡用。但晚餐就不能單獨吃了。他們會把你安排跟別人坐一塊，我也就行禮如儀應酬一下。」

「晚上呢？」

「看電視，有時候在菲爾羅恩看場電影。晚上多數都一個人。」

「現在，生活中有哪些主要的人，說說看。」

「多數時間，我都是在躲人而不是見人。那裡有很多單身女人，但我總覺得彆扭。如果對一個太好，她就每餐找你，有活動就約你。如果跟一個搞上了，那就別想再去約別的，否則就有的罪受。」

「沒進安養之家前，你周遭有哪些人？」

「一個兒子。在銀行界工作，住在倫敦，每個星期日上午會打電話，後來則是Skype。一個好孩子。兩個孫子，一男一女。就這些了。之前生活中的其他人都失去了聯絡。我老婆和我以前的社交生活很活躍，但她才是核心。她打理一切，我跟著轉而已。」

「說起來滿怪異的，對不對？你說你孤單，但社交技巧卻那麼好，四周有那麼多人圍繞，你卻避之惟恐不及。」

「很難理解，我知道。但我不明白，這怎麼會跟我的隨性與猶豫扯上關係？」

「或許問題不止一個吧。或許，隨著我們進行下去，某些關聯就會出現。令我訝異的是，你的事業心那麼強，對人際關係卻漫不經心。你說，在菲爾羅恩的活動中，你進退失據，但你講的都只有活動的性質，沒聽你提到過人。那裡都有些什麼人？哪些人在帶領活動？你喜歡跟哪些人相處？今天在這裡，我們都沒怎麼碰這些，你只顧著趕進度趕效率，跟我卻連真正的照面都沒打過，毫不關心我是什麼樣的人，我做過哪些事。若不是我要你問起我，對我，你壓根沒表示過興趣。」

「我說過的，我讀過你的書，還跟你做了自我介紹。」

「沒錯，但你對我的關係裡面只有你自己，沒把我放進去。」

「這樣說就不對了。我來這裡，把希望寄在你身上，我付錢，你服務。以後我很可能就再也不會來了。所以說，行禮如儀、裝模作樣，又有什麼意義呢？」

「之前你提到過，你受過諮商顧問的訓練，對不對？」

「沒錯，上過兩年的課。」

「面談，就像我們今天的面談，包括兩個部分，過程與內涵，你還記得吧？內涵，很明顯地，指的是訊息的交換。至於過程，則是主談者與受談者之間的關係，可以帶來更多的相關訊息，從那裡，你可以大概瞭解客戶對別人的態度。面談的情境則是客戶對待別人的縮影，因此非常重要。我現在強調的就是這個。因此我說，直到剛才那一刻你對上我的目光之前，我們之間根本沒有交集，道理在此。」

「所以你的意思是說，從我在這裡對你的態度就可以看出我對別人的態度。」

我點點頭。

「有的時候，依我的想法，在人際關係上，退縮自有其分量。世界上可以做的事情很多，我並不渴望找別人，沒有別人我也過得很好。有些人寧願孤獨。」

「你說的沒錯。我確實是把人際關係放在核心的地位，總認為我們都是根植於其間，人際互動如果親密，便具有滋養力量，我們表現得就會比較好。譬如你和妻子之間那種長久、美好、忠誠的關係就是如此。」

「沒錯，但那已經過去了，坦白說，我沒力氣重來了。」

「或許是你不想再面對喪失與痛苦吧。沒有人際關係，便沒有痛苦。」

瑞克點了點頭。「是的，我是這樣想的。」

「結果，你保護了自己，但代價很高。你把自己太多的東西給斬斷了。讓我再說一遍：在你的方程式中，如果你再把『什麼人？』也加進去，我看，就連令你無所適從的『什麼活動？』也要作廢了。」

「沒錯，我沒考慮到這一點。你或許是對的，但我原本在乎的東西——我對隨性的看重——你卻不當一回事，一筆勾銷了。」

「不對。在我們談話的過程中，我始終都在思考這件事。以我個人來說，我是十分珍視隨性的。我寫作時就很依賴它，某些突然冒出來的東西，以及出其不意地轉個方向，我都極為重視。事實上，我愛死它了。但我不認為你的行為現在是受到隨性的驅策，也就是說，不是受到某種外在於你的力量拉扯。你不是受到拉扯，相反地，你是受到某種內在力量的推動，想要逃避恐懼或威脅。」

「可不可以講得簡單一點。」

「我盡量。這樣說吧，我認為，你內心潛伏著一股巨大的威脅感，侵蝕著你本能的隨性。你說過的，你的隨性已經變成了惡魔。你並不是受著某種外在目標的推動。相反地，你的行為是是為了要排除某種內在的威脅。」

「什麼內在的威脅？」

「我怕再說下去也只是老調重彈而已，但我真的不知道還能怎麼說。這威脅就是我們全都要面對的，我們都會死。它就存在你要應付的一項認知上：你的妻子既然死了，那麼你也會。安養之家儘管令人滿意，但照樣給人不祥的預感，你身在其中，感覺它有如一個陷阱，一個終點站，一個關你的監獄，你根本就不願意配合它的行事曆。」

他搖頭，很輕微地。「我從沒把它想成監獄。它經營得很好，好得不得了，我若要離開，隨時都可以。」

我知道我沒能過關，看了一眼手錶。「說到行事曆，瑞克，我們今天也有一個要面對，看來我們的時間快沒了。我知道，你還有疑惑未解，但今天我所說的，你回去可不可以想一想，用電子信回覆我，讓我知道你以後的任何情況？我希望我們的療程給了你一些思考的材料，以幫助你的治療有所突破。」

「我會好好考慮。現在有一點亂，但我會用心想想，也會寫信。你方便排另一次療程，譬如說幾個月之內，如果我想要複診的話？」

「如果我還在，很樂意再見。」

瑞克離去，我也累了。這次的療程簡直就是一場競賽，一場抗爭，他費了那麼大勁要來見我，對我提供給他的任何東西卻又是那樣抗拒，對於這種矛盾，我百思不得其解。在一次療程中，我所能做的就只是實事求是，深入病人的生活，提供自己的觀察，希望他能夠打開門戶，在治療的進行中發現他自己某些新的部分。我期待他來信，但久久沒有消息。

大約過了四個月，一封電子信寄來，說明瑞克的治療確實有所進展，但過程卻出乎意料。

嗨，Y醫師：

我好多了。你確實是幫了我大忙，該是謝謝你的時候了。回來以後，針對我的好強心，以及我不能（或不願）承認你在療程中確實提出了某些有益的洞見，我的治療師好好下了一番功夫。她是對的，問題在於我不願意承認。所以，在這裡我要認錯。你說，我把菲爾羅恩橡樹園看成一個監獄，你真是一語道破。其實我和你在一起的時候就知道了，但我就是拒絕承認。記得我告訴你我有多喜歡那首歌嗎？

啊，我應該告訴你卻沒有說出來的是，我唱給你聽的是〈別把我圈進去〉的第二段歌詞，對第一段卻隻字未提。下面的就是了：

野貓凱莉臉色刷白
站在警長旁邊
警長說：「我要妳進牢裡去。」

野貓凱莉仰首哭泣
啊，給我土地，星光閃耀於上的廣袤土地
別把我圈進去……

——感謝・瑞克

6 給孩子們做個榜樣

因為我不能停下來等死神，
祂便好心停下來等我。

接到艾思翠死於動脈瘤破裂的電話時，詩人艾蜜莉·狄金森（Emily Dickinson）這首詩開頭的兩行躍然進入我腦海。艾思翠死了？不可能。一股從不止歇的生命力，艾思翠曾經克服一次危機及接踵而來的悲劇，持續前行。精力源源不絕、活活潑潑，怎麼就此寂滅了？不，想到這裡，我心久久不能平復。

艾思翠是一個治療師，我曾經是她的指導及治療師，長達十年，走得很近。接到她家人要為她辦個「生命慶典」的電子信，我立刻應邀參加，時間是在她去世兩個星期之後，地點在地方上的社區中心。到了那一天，我穿西裝打領帶——身為典型的加州人，我很少這身打扮的——並在中午準時到場。和其他的兩百位賓客一樣，受到香檳和點心的招待。沒有鮮花，沒有黑色，沒有眼淚或哀戚。放眼所見，沒有西裝沒有領帶，唯我除外。不久，一小童，或許是艾思翠的孫輩，穿越人群而來，手拿麥克風，宣布：「敬請就坐，典禮開始。」

接下來播放錄影帶，追思艾思翠的一生，精心製作，長四十分鐘，帶領我們透過影像完整走過她的人生。首先，是父親懷中的小嬰兒，只見她一把扯下他的眼鏡，開心地揮舞。接下來，吉光片羽，我們看到艾思翠踏出第一步，邁向母親伸出的雙臂；艾思翠拿髮夾玩弄驢子尾巴；少女艾思翠在夏威夷的落日海灘衝浪；艾思翠從瓦薩（Vassar）大學畢業；艾思翠在她最近一次的婚禮中身披嫁紗（她結過三次婚）；艾思翠幾個懷孕的鏡頭，笑容燦爛；艾思翠跟她的孩子們玩飛盤，然後是令我淚眼模糊的心碎結局：艾思翠猝死的前一晚，與六歲的孫子跳華爾滋。影片結束，黑暗中，大家靜默而坐。當燈光恢復，眾人卻不知該如何表示，我心不禁戚戚。終於，有一個勇敢自信的人鼓起掌來，大部分賓客這才加入。我發現，自己期望的其實是一場傳統的宗教儀式，對我來說，那是一種難得的情境。我懷念溫暖熟悉的節奏，以及在教士和拉比帶領下的循序進行。一場告別式，居然以香檳和點心開場，沒有哀泣的空間，真是匪夷所思。

家人匆匆討論之後，三個兒子和五個孫子魚貫而入，拿著麥克風，神情出奇平靜，輪流分享他們對艾思翠的懷念。每個人都有充分準備，表達清晰，但我最欣賞的卻是一個八歲的孫女所說的，艾思翠奶奶常邀她們一起玩耍，她會在她們背後悄悄爬行，手裡搖著一盒七巧板或拼字板塊。

由於這是一場生命慶典而不是葬禮，這中間沒有提到她的第四個孩子朱利安，也就不足為奇了。朱利安死於高爾夫球場的雷擊，時年十六。為處理他的死亡，艾思翠跟我花了一年多的時間治療因此所造成的創傷。

接下去，艾思翠許多朋友自發地站起來，拿起麥克風，分享他們的回憶。兩個小時後，安靜短暫佔了上風，我以為會有人出來表示典禮結束，沒想到艾思翠的第三任也是最後一任丈夫瓦歷卻站出來發表了他的悼念。他的平靜令我驚訝，試著想像自己妻子去世僅僅幾個星期後的情況，我知道我做不到。到時候，只怕我連面對世界的心情都沒有。我仔細觀察瓦歷。有關他，多年來，我聽的都是艾思翠的說法，現在，面對一樣怪異的功課，我要把血肉之軀的瓦歷跟艾思翠給我有關他的印象相疊起來。每一次碰到病人的配偶，我總是被嚇到，幾乎沒有例外，我都會在心中大聲問自己：這有可能是我聽了那麼多個小時的同一個人嗎？

令我驚訝的是，瓦歷是個相當體面的人，比我以為的高大，比較帥，比較優雅。而且有存在感多了。艾思翠往往把他說成是個難得看見人影的人，不是把自己埋在避險基金裡面，就是早上六點就等著股市開門營業。連週末也一樣，不是划船就是整理他的九公尺單桅帆船。艾思翠說，那條船她從來沒有踏足其上過。我還記得她告訴我，她只要一見到船就暈船，我則回應說，我連看到船的圖畫都會暈船，於是我們笑成一團。

「感謝大家來跟我們的艾思翠道別。」瓦歷開始說。「我知道，有很多她的精神科同事都來了，各位也都知道，她勤於教學，誨人不倦。所以我深信，她會欣然同意我把她的一點點小遺產傳給大家，那就是她對付焦慮的祕密武器：雞蛋沙拉三明治！」

我心裡一緊。啊，不要。不要這樣，瓦歷。艾思翠才嚥氣十天，你就模仿傑．雷諾〔譯註〕來折磨我們。

「艾思翠小的時候。」瓦歷繼續侃侃而談。「碰到任何煩心的事——學校、和朋友吵架、男朋友的煩惱，所有你們想得到的——她母親就會拿雞蛋沙拉三明治為她解憂。就那麼幾個打碎的蛋、蛋黃醬、芹菜，加上一點甜椒，放在烤好的白麵包上，連萵苣都不要。艾思翠說，那是她的安定劑，並宣稱效果是雞湯的四倍半。每次我夜裡回家晚了，從車庫經過廚房，總會看一眼水槽，如果看到有蛋殼，我就得把自己的皮繃緊了。」

我四下裡打量。都是笑臉！除了我以外，每個人都注意等著瓦歷說笑。一時間，我覺得孤單，好像我是唯一把這事當真的人。然後，我提醒自己，我並

〔譯註〕 Jay Leno，美國當今名脫口秀主持人。

不是局外人——我是局內人，一個真正瞭解艾思翠的人。

整個過程當中，我的感覺還滿掙扎的。剛開始，聽大家講述他們所認識的艾思翠及他們有關艾思翠的故事時，我還不免為自己在她人生中的特殊地位感到得意，不管怎麼說，那個知道內幕、知道真正的艾思翠、知道什麼才是艾思翠的人，豈不正是我嗎？但隨著時間過去，聽著大家一個接一個地講呀講的，我開始心虛了。或許，我以為自己在她人生中佔有特殊的地位，只是一種錯覺吧。沒錯，那麼多年來，每個星期，她和我共同享有特殊的時刻。我接觸到的都是真真實實的材料——所瞭解的都不是尋常的東西，包括她的恐懼和喜愛，以及內在的話語、幻想與夢。但這比知道什麼會使她微笑更真實、更重要、更特殊嗎？她最喜歡的是哪種人？她喜歡吃的是什麼，最愛什麼電影、書籍、商店、瑜珈姿勢、音樂、雲朵、雜誌、比賽、零食及電視連續劇？與丈夫、朋友間不足為外人道的笑話，只有愛人才知道的性祕密呢？我尤其懷疑，她從沙發後面爬出來，手裡搖著七巧板或拼字板的盒子時，我會比聽到她腳步聲的孫兒女更瞭解她嗎？是的，正是她的孫子把我擺到自己的位置上，讓我清楚明白，儘管我知道艾思翠的某些部分，但還有許多部分是我不知道的。

初識艾思翠，是十多年前的事。當時，她來請我指導她治療幾個病人。五十歲的人了，儘管已經執業多年，她還是想要磨練自己的技巧。作為一個學生，她還真是討人喜歡：悟性高、有同理心、聰明。接下去的兩年中，我們每隔一星期會面一個小時。指導她還真是一大樂事。我很少看過臨床直覺那麼強的學生。但到第二年要結束時，我們之間的情形有了變化，當時，她開始討論她的一個病人，一個名叫洛伊的年輕人，一個失控的酗酒者，對他，她開始不尋常的過度介入，給他家裡的電話，任何時候打來都接，不分日夜；白天的時候，心思經常被他佔據，甚至看其他病人時也如此；同意他積欠高達數千元、顯然永遠無法結清的診療費。一旦開始討論洛伊，艾思翠就從學生變成了病人。很明顯地，我這個學生對一個病人產生了強烈的非理性感情（專業術語為「反移情」），碰到這種情形，指導的形式往往也必須改變。

她對洛伊這種強烈的感情，其根源其實並不難解：艾思翠有個哥哥，馬丁，長她六歲，母親乳癌去世後，當時尚在少女階段的艾思翠就全靠這個哥哥照顧。他保護她免於父親的虐待，她記得，母親葬禮後搭車回家的路上，馬丁摟住她，靠在她耳邊小聲的說：「妳這輩子都有我在，我會照顧妳。」馬丁信守承諾，直到他入伍海軍陸戰隊，一九九一年派往波斯灣戰爭，因罹患波斯灣戰爭症候群及多重藥物上癮而返鄉。雖然她竭盡心力照顧，但仍然不是海洛因的對手，到了二〇〇五年，馬丁終因藥物過量而致命，她還是沒能保護得了他。未能救回馬丁，艾思翠無法原諒自己。她的過度介入洛伊，只是她為了緩解救兄心切之情所表現出來的具體行動而已。

　　馬丁死後兩年，十六歲的兒子遭到雷擊，再度粉碎了她以為能保護別人或自己的希望。一切傷痛，未有甚於喪子之痛，是愛爾蘭文學家葉慈所說的「悲劇之極端」，而且往往除了眼淚別無出口。整個第二年，每兩個星期的會面中，艾思翠都是以淚洗面。漸漸地，她開始反彈，有一度甚至放縱自己享受生活，我們只好調整到每星期一次，然後形成一種往返於指導與治療之間的模式。最後，艾思翠總算回復了寧靜，我便提出終止的建議，但也沒有真正結束：在我面前，她可以得到緩和，每隔幾個星期，還是會來接受指導。

然後，一年前，一個週末晚上，艾思翠留了一個電話錄音，告訴我那天早上她騎腳踏車摔倒，只有輕傷，但瘀傷的地方卻以驚人的速度擴增。她連絡不上她的內科醫師，問我是否該去掛急診。我回她電話，告訴她血液凝固的問題確實有必要跑一趟急診。

接下來的幾天當中，沒有她的回應，我留了兩個電話錄音，問她送急診的事，結果接到她兒子的來電，告訴我他的母親無法接聽電話：她病得很嚴重，住進了加護病房，診斷為自體免疫肝病。這種病，我一無所知。五十年前我讀醫學院時，根本還沒有人提到過，但搜尋醫學文獻，馬上就知道這病非常嚴重，往往會致死，存活的最大機會就是換肝。兩個星期之後，再接到她兒子來電，說他母親的情況急遽惡化，嚴重黃疸、急性肝衰竭。數天後他又打來，這次帶來大好消息，說醫院奇蹟似地配到一副肝臟，她接受了移植，目前雖然尚未脫險，但情況穩定。

三個星期後，我和艾思翠做了短暫的電話討論，她告訴我，她逐漸好轉，不久就可出院。我去她家看她，做了兩次療程，又過不久，她好到可以來我的診療室了。「死裡逃生。」她說：「真是一生中最可怕、最嚇人、最痛苦的時光——你知道的，我是九死一生。在醫院的那些日子，我忍不住顫抖，哭個不停。我確信自己要死了，無法跟你講話……無法跟任何人講話。然後，突然間，我想通了。」

「妳怎麼做到的？是有什麼特別的轉捩點嗎？」

「非常特別。那是一個護士的一句話，一個不苟言笑、正經八百，卻有著一副好心腸的護理長。就在我的孩子們要來探病之前。那時候我已經好幾天處於緊急關頭，怕死怕得要命，成天發抖哭泣。然後，就在我的家人進入病房前，她靠過來，在我耳邊輕語：『給孩子們做個榜樣。』一切就此改變。」

「怎麼個改變法，說說看。」

「我也不確定。但力量大得不得了。不管怎麼說，我就這樣跳脫了自我。在那之前，我只知道害怕。死亡和我那麼接近，出現得那麼頻繁。我說不出來，我無法應付，甚至沒辦法拿起電話跟你做一個療程。除了哭，我什麼都不能做。那句話：『給孩子們做個榜樣』，一把將我給拉了回來，想到除了自己還有其他人，讓我發現，我還可以為家人做些事，我可以為他們立個典範。那護士真了不起。大愛。」

艾思翠出院，漸漸回復原來的生活，不久就開始見她自己的病人。但死神的重返也快。幾個月後的一天，她坐在美髮院的椅子上，一蹶不起，立即死於腦內動脈瘤破裂。隨著其他悼唁者走出社區中心，一路上，所有這一切在我心中流過。那麼多的起伏，那麼大的艱困，那麼艱辛的努力：走過喪母之痛，逃過父親的虐待，活過兄長的死亡，還有最重要的，兒子的死亡。與她的病人，她處理過那麼多的死結，跟我，她處理過她自己的治療。從一個死於機車意外的年輕人那兒，她接受肝臟移植，逃過了致命的肝病。然後，所有這一場人生大戲，就在她腦內小小一截動脈的爆裂中畫下了句點。一切都在瞬間消逝：她那不平凡的大我；她那肌理豐富的心識寶庫；那所有的痛苦、勇氣、奮鬥與超越；那支外科醫師與護士組成的移植大軍；那所有的恐懼、痛哭、那求生意志旺盛的復原。這一切所為何來？所為何來？

離開禮堂，走向停在大約半條街外的車子，有人在我肩上輕輕一拍，猛然把我從抑鬱的思慮中拉出。轉頭，一張不熟識的臉龐映入眼簾：一個婦人，神色嚴肅，約五十許，粗線條的黃髮，樸素不起眼的黑色套裝。有點猶豫，顯然不知從何啟齒。「抱歉，你是歐文．亞隆？」

我點點頭，她繼續說：「我想我是從你書封面上的照片認出你的。」

我寧願游移在艾思翠的思念中，還真有點不情願說話。所以，也就只是頷首笑笑。

「艾思翠給我一本你的書。我是賈絲汀．凱賽，艾思翠的外科病房護士，嗯……我……我在想，你是否還接病人？」

還接病人？這些年來，起碼有十年或十五年，也許更久，從來沒有人直接問我「是否接病人」，千篇一律都是問「你還接病人嗎？」一個沒完沒了、沒有必要，而且，時至今日已經有點讓人惱火的問題，老是在提醒我上了年紀了。

我告訴她，我十分樂意見她，並把我的名片給她，請她打電話給我安排諮商。看著她大步走開，我心想，這是否就是艾思翠講的那個護士。在艾思翠耳邊輕聲說「給孩子們做個榜樣」的，難不成就是她？

幾天之後，賈絲汀進入我的診療室，我還真被老天爺對她的小氣給嚇到了。她的整個比例都不對。狹窄的臉配上一顆大腦袋，顯得太不協調，圓滾滾的身材，怎麼也搭不上她那一板一眼的護理長架式。她讓我想起冷冰冰、望之令人生畏的瑪庫姆小姐，半個多世紀前我在約翰霍普金斯當住院醫師時，我病房裡的護士長。想到「我的病房」，我不禁笑起來；再怎麼說，那根本就是瑪庫姆小姐的病房。啊，醫師和護士之間沒完沒了的鬥爭！趕緊把過去從心裡抹掉，我和她默默對坐一會兒，只見她緩緩掃視著屋內的物件，眼光停在一面牆的書架上。

「我看到一些熟悉的書名。亞隆醫師……」

「我們就直呼名字，歐文、賈絲汀，妳覺得怎麼樣？」我幾乎都會對病人這樣說，但很少這麼快。或許我是急著要把瑪庫姆小姐從心裡掃出去吧。

「好呀，沒問題，但這聽起來有點怪怪的——你可是鼎鼎大名的精神科教授，而我，只是一個護理長而已。」

「謝謝妳沒有說『高高在上的教授』。」

她微笑，但很短暫。「我盡量，但也許會忘記。對於頭銜，我是個老派的人。」她又看一眼我的書架。「你的書我讀過好幾本，對我都很重要。」

「是這些書促使你來找我嗎？」

「是的，一部分是，另一部分則是我們的病人，艾思翠，她一直說你對她的幫助很大，常常提起你。」

我們的病人，我喜歡這說法。可能有助於我們的關係。「我們的病人我可是認識好長一段時間了。一個好人，也是個好治療師。但倒是說說看，這些書裡面有些什麼東西特別打動了妳？」

「也許是艾思翠給我的那本吧，《凝視太陽：面對死亡恐懼》。我在那本書上劃了很多重點，讀了不止一次。我是一個外科護士，所有時間都花在嚴重的腫瘤和內臟移植的病人身上。工作上每天都要跟死亡打交道。我也喜歡你的小說《叔本華的眼淚》（*The Schopenhauer cure*），書中的主要人物，那個跟惡性黑色素瘤打交道的人——老是盤踞在我的心裡。」

「我有一點眉目了，不止一點，其實妳已經透露一些了，但我還是要更直接一點問妳，告訴我，妳為什麼會找上我？妳現在碰到什麼問題？」

賈絲汀大大地吁一口氣，兩臂放鬆，身子靠向椅背。「我什麼沒碰到過？我碰到的可多了。」她停下來，顯然很焦慮。

「談深入一點，賈絲汀，妳在這裡很安全的。」

她似乎有點嚇到。或許她還沒有習慣我稱呼她賈絲汀。只見她直直地看著我。我心想，大概很少有人跟她說她是安全的。

「好的。」她深深吸一口氣。「這就說了。先從最沉重的說起吧。大約一個月前，我除掉了腳上一個痣，追蹤報告顯示，那是一顆惡性黑色素瘤。這樣你就可以想像我對你《叔本華的眼淚》中的那個角色，朱利斯，有興趣的原因了，對吧？描寫他死亡的那一部分，我看了好多遍，每次看都哭。」

「聽妳這麼說，心裡覺得遺憾，賈絲汀。說說看妳的醫生是怎麼說的。」

「不好，但還不是最糟的。傷口有點潰瘍而且很深，大約四公釐，但第一道淋巴引流的地方，前哨淋巴結，是乾淨的。我現在講的你瞭解嗎？腹股溝淋巴結？每次跟精神科醫師講這些，我都不清楚他們還記得多少醫學知識。」

「我承認，我和當前大多的醫學知識滿有一段落差了，不過我和腫瘤病人有廣泛的接觸，所以目前為止還跟得上妳。」

「很好。沒錯，淋巴結沒問題當然很好，但傷口的深度卻不是好消息。我的情況沒有朱利斯那樣糟，但復發的機會滿大，病理醫師說，或許將近百分之五十。所以我現在只能接受它。」

沉默對坐，好一會兒。我不免同情起她來。百分之五十復發的可能性。如果確實復發了，她和我都知道，目前沒有有效的治療方法。設身處地想，我不覺煩惱起來。「真辛苦啊，賈絲汀。但通常有個人可以說說話是有幫助的。」

「等等，還有別的。」

「沒錯。我有留心妳前面說的話。妳說：『我什麼沒碰到過？』妳在生活中還碰到了別的什麼嗎？」

「工作填滿了我大部分的生活，很辛苦的工作。就拿艾思翠來說。我照顧她兩個星期，瞭解她很多，真的很多，現在，她卻死了。我們努力得那麼辛苦。她病得很重，差一點就死掉；她的膽紅素和凝血酶原時間都超標；她的黃疸，我在病人身上從沒看過那麼糟的；而奇蹟似地，有了一個可以移植的肝臟，我們保住了她，讓她回復了健康。但如今，幾個月後，突然——就像事情發生的那樣——她死了。而她只不過是我許許多多病人當中的一個罷了。這就是我大部分病人的故事，我的囊性纖維肺部移植病人，我的末期卵巢或子宮頸或胰臟癌病人，我陪著他們、拚了命要保住他們，但是所為何來呢？一般來說，他們很快就死了。我只是護送他們走過死亡的幽谷而已。我最大的兩難就是，如果保持距離，我就是一個不負責任的壞護士；如果盡了責任，卻又會讓自己傷心。」

「這聽起來很熟悉，賈絲汀，再熟悉不過了。讓我也分享一段自己的經驗。那一天，在艾思翠的告別式後，妳拍我肩膀，一時間我還反應不過來，因為，當時我整個人也是沉溺在同樣的念頭中，正是這些念頭在我心裡流竄。那麼多的努力，我的努力、艾絲翠的努力、妳的努力，然後一轉眼，她走了。這真的讓我很不甘心。」

「上星期拍你的肩膀，其實我滿猶豫的。我有種感覺，好像自己打斷了什麼事情。」

「很高興妳抓住了機會，但也要我們能維持下去。來談談妳的後半輩子，有沒有什麼事是我們可以聊聊的？」

賈絲汀緩緩點頭。「我的後半輩子……還真是個問題。剩下的日子也不多了。我的人生太渺小。我和前夫二十年前就離了。」她深深嘆口氣。「現在最棘手的部分是，我有一個孩子……我有過一個孩子……他有海洛因毒癮。現在被關在聖昆丁監獄，罪名是重傷害、毒品交易及竊盜，刑期十年。」

「當妳說妳『有過一個孩子』時，我還以為妳是說他已經死了。」

「正是這個意思。對我來說，他已經死了。我祈禱不要再見到他。我把他給一筆勾銷了。我沒有孩子。我就只有自己一個人。」

「真的是很痛。」

「我若讓自己去想這事，那才會痛，但我說過了，我把他給一筆勾銷了。那麼多年來，那痛呀，真是痛到無法承受。他什麼都不聽我的，最後把我偷個精光，然後去偷別人。」

「妳的工作、妳的黑色素瘤、妳的先生和兒子，對於所有這些方面，妳在心理上的感受，妳有尋求過幫助嗎？」

賈絲汀搖頭。「從來沒有。我是個悍婆娘，出了名的，我應付得來，可以照顧自己。順便講一聲，即便是現在和你，我要求的也不多，兩次或三次療程——應該就足夠讓我重新站起來。更何況，我還揹著我兒子盜刷的大筆信用卡債，太多費用我也負擔不起。萬一黑色素瘤醒來了，大舉進攻，天知道我還能工作多久。」她停下來，盯著我看。「你可以接受嗎，短期的？希望你實話實說。艾思翠告訴我，你不是那種唬爛的人。」

「短期，我沒問題。我們就訂三個療程好了，今天，另外再加兩次。如果妳發現以後還有需要，我們可以再談。說實話，短期有短期的好處。妳說妳傷心，我感同身受：艾絲翠的死也讓我傷心。沒錯，短期對我來說滿好。依我看，可以免於傷心。」

「哇，她沒說錯——你果然不是會唬爛的人。這對我來說還真是不習慣。住院的精神科醫師可都是狡猾的人。」

「我會努力不做個狡猾的人。現在，我要問一個妳可能沒意料到的問題。這個療程進行到這裡妳覺得怎麼樣？我知道，我們才剛開始，但關於妳自己的人生妳卻已經講了很多，我可以感覺到，這對妳並不尋常。」

「非常不尋常。但你處理得很好，沒讓我感覺到很大的痛。平常，我只對兩個好朋友敞開自己：康妮和潔姬，大學時期的朋友。我們各住一方，但每個星期至少都會用 skype 或電話聯絡一次。康妮的家人在密西根湖有個很大的度假屋，我們每年暑假聚會一次。」

「她們都是很親近的知己？」

賈絲汀點頭。「對，她們什麼都知道，甚至有關我兒子的事。她們是我唯一的知己。」

「除了我以外？」

「沒錯。但我沒跟她們說黑色素瘤的事。這事只有跟你講。」

「因為？」

「我認為你知道。癌症實在太沉重，除非是自己的親人，一般人大概都會走開吧。」

「她們會嗎?康妮和潔姬。」

「嗯，不確定。大概不會吧。」

「那妳沒告訴她們，是因為?……」

「嘿，給女孩子留點餘地吧。」

「我逼得太緊了?抱歉。」

「不，不。別停下來。這樣可能對我反而好。我是悍婆娘，什麼事都喜歡用逼的。這樣對我反而是一種機會教育，更何況你逼得正是時候，你的鼻子還真靈，因為我跟康妮和潔姬的聚會就在下個月，兩個星期前我已經在琢磨要不要告訴她們。事實上，我跟你招了:到底要不要告訴她們，我始終拿不定主意，可能正是我要找你的主要原因。」

「讓我們再深入一點。如果告訴她們，妳最害怕的是什麼?」

「憐憫，我想是——憐憫，還有迴避。我跟她們的聯繫是我覺得最真實的地方，我不願拿這冒險，我害怕失去她們。小時候在紐約，我奶奶東摳西省送我去參加每年暑假在雅德旺戴克舉行的露營。我們多數人都是參加兩個月的，但也有些只參加一個月。我記得，第一個月快要結束時，我就會撇下那些要早走的，跑去跟要留下來的人一起。快要死的人是沒有什麼未來的。」

「妳總算把黑色素瘤的事情告訴了我，對我，妳有什麼要問的？」賈絲汀瞪著我，面露不信。「嘩，太陽打西邊出來了。我可沒想過精神科醫師還會回答問題。」她思考了幾分鐘，然後說：「有了，如果要我問，我想到一個了。你會不會可憐我？」

「老實說，我並不打算閃躲妳的問題，但那個字眼，『可憐』，把我給難倒了。妳所謂的『可憐』，妳應該講清楚一點。」

「我幹嘛要認為你在閃躲我的問題？這樣好了，讓我換一種方式來說。當我告訴你黑色素瘤的事情時，你的感覺是什麼？」

「難過、同情、關心——這是我的第一感覺。然後，我想像若是自己獲知得了黑色素瘤，那我一定會感到恐懼——我幾乎可以感覺到自己開始煩惱起來了。我對妳『可憐』那個字眼有問題，在於它含有『別種』甚或『不如』的意思。我會可憐一隻挨餓的狗或一隻受傷的小貓。但賈絲汀，妳不是『別種東西』。妳跟我並無不同。妳所面對的是我們所有人遲早都要碰到的。我雖然沒得到什麼特別的疾病，但我這花白的年歲，卻讓我不得不時時想到自己的生命盡頭。我的預感是，妳好友的回應一定也一樣。以我個人來說，我無法想像我會棄妳而去，同樣地，也無法想像她們會棄妳而去。」

第二次會面時，賈絲汀感謝我給她的意見。她把自己黑色素瘤的事情告訴了兩個朋友，她們的回應慷慨而體貼。她顯然開朗許多，笑了笑，謝了我，然後就轉到她兒子的問題上。整個療程餘下的時間，全都在敘述她唯一的孩子有如噩夢般的故事。

「或許我根本不該結婚。事實上，我也從未指望過。我生來笨重、不靈光，一點都不好看，沒有女性天生的慧黠，不是做母親的料。我媽媽死於子宮頸癌，當時我九歲。沒有兄弟姊妹，父親是個沒受過教育的粗人、卡車司機，幾乎多數時間不在，只有週末才回家。我跟著奶奶長大，她是南斯拉夫移民，幾乎不會說英語，一個不快樂的婦人。沒有男人會看我一眼，但我還是有過一些一夜情，從沒跟哪個男人有過真正的愛情。我本來一輩子不會嫁人的，但我懷孕了，由奶奶幫著，逼孩子的爸娶了我。那是護校畢業五年以後的事。根本就是一場錯誤的婚姻。他是個禽獸、酒罐子，虐待我和詹姆斯，有一天趁他上班，我打包行李，帶著當時才三歲的詹姆斯走了，搬到好幾百哩外的芝加哥，在麥可瑞斯醫院找了份工作。我絕不回頭，不再跟前夫聯絡。我根本懷疑他是否曾用心找過我們，我們走了，他可能反倒解脫。」

「繼續，談談你和詹姆斯。」

「為他，我盡最大的力量。我做護士，一週工作四十小時，其餘時間就是做個母親，沒有別的生活，完全沒有。詹姆斯一路走來每一步都是問題，睡覺、走路、說話、跟別的孩子玩，都有問題。現在我多讀了點書，我認為，他天生就是個反社會，有些東西是根深柢固、遺傳的、無法改變的。學習也是個大問題。他就是無法專心，連閱讀都學不好，一直唸特殊學校。我想，要是在今天，他應該也會被診斷為嚴重注意力缺乏症吧。」

一個小時下來，賈絲汀幾乎都在細談詹姆斯的醫藥和心理問題，以及所有嘗試過的治療。「我們試過許多藥物，包括利他能（Ritalin）、抗痙攣藥，甚至抗精神病藥。全都沒效。在醫藥和心理治療上，我竭盡所有，但全屬徒然。

「進入青少年時期，他開始沉迷消遣性毒品，只要能找到的都用。我送他去戒毒，住戒毒村，參加野外靜修，每次他都逃跑。他什麼都抗拒。然後到了十六、七歲，他開始接觸烈性毒品，特別是海洛因，從此就回不來了。從我這裡，他無所不偷，包括用我的信用卡刷掉成千上萬元。他搶劫我的鄰居和朋友，最後，我趕他出門，和他斷絕關係。接下來，最後一次聽到他的消息，他已經在聖昆汀。故事說完了，說得我好累。」賈絲汀靠到椅子上，用紙巾擦眼睛。

過了一會兒，她抬起頭看著我說：「這整個星期，我都在想像跟你說這件事的情形，我反覆練習跟你對話，想像你的反應。」

「哪方面的？……」

「我想像你問我一些孩子小時候的正面回憶，譬如說晚上安置他睡覺、陪伴他的溫馨，或共處的美好時光等等。而我的答案則是，我一個也想不起來，說真的，一個也沒有。」

「沒錯。妳抓到了，那正是我要問的。妳的答案則會是非常沉重，非常黯淡。妳這一路跟我說的使我深感悲哀，為詹姆斯悲哀，但更為妳悲哀。告訴我，妳有把這些都跟康妮和潔姬談過嗎？」

「都有。從一開始，詹姆斯出生，到後來走過的每一步，她們都跟我同一條船。但今天在這裡把整個故事一次說完卻是不同的經驗，我從沒跟任何人這樣說過。全都說完了。」

「要再問妳更多，我也會感到不安了，但最好還是講出來——就像清膿瘡一樣。告訴我，跟我在這裡，妳是什麼感覺？」

「丟臉。就好像你到我家，除了髒亂，什麼都看不到。」她停下來一會兒，然後問：「你有孩子嗎？」

「四個。天下父母心，我知道，妳的苦痛多麼難以承受，我體會得到。但不管怎麼說，別停下來，希望妳繼續說下去。」

「我一定是一個很糟糕的母親，但請相信我，我盡力了——該做的都做了。但真的很丟臉。那個……詹姆斯……聖昆汀的那孩子……不管你怎麼說，他到底是我的一部分。包著他的那塊布，大家都看得見，他的包裝上面寫著：『賈絲汀·凱賽製』。

「妳認為別人都這麼想嗎？」

賈絲汀點頭飲泣。「對，每個知道我的故事的人都這樣。」

「我知道妳的故事，我卻不這麼想。盡量說下去。有沒有別的問題問我？」

「我是不是很糟糕？我是一個不好的母親嗎？我是詹姆斯嗎？他是我嗎？」

「以上皆非。我希望妳明白，我支持妳，賈絲汀，我是來幫助妳的。我有這樣的想法不止一次了，而且也不是心血來潮，我一直都在想，妳對自己實在太苛刻、太無情了。今天，我們必須告一個段落了，但對於我們最後的療程，我要訂的題目是：對妳自己好一點。」

一個星期之後，賈絲汀來到我的診療室，帶著一張摺疊的紙。「昨晚上作了一個夢，讀過你的書，知道你很重視夢。作這個夢醒來，大約凌晨四點。我覺得跟你有點關係。」

「讓我們來看看。」

她打開那張紙。「這只是片段——大部分我都不記得……我沿著一條小路走，爬過一扇窗戶，進入一間黑暗的大房間。不知道怎麼的，那條小路讓我想到通往你診療室的小路，但因為是夜晚，我無法看得真切。然後，一進了房間，我就躲到一張很小的椅子後面，等在那裡，手上則拿著一件很大的武器。突然，我發現椅子不見了，有人把它拿開了，我完全暴露出來，一點掩護都沒有，嚇得要死。就在這個時候，我過醒來，一身是汗。」

「對這個夢，妳有想法？」

「一點頭緒都沒有，甚至不知道從何說起。我們怎麼進行？」

「我們只剩這個療程，沒有時間深入去探討了，但一般來說，我會請妳想一想這個夢的某些部分，就只是自由聯想。也就是說，反覆醞釀之後放出來，任妳的思緒奔跑。但因為時間不多了，由我來先發。這個夢最讓我訝異的是地點。妳說那很像是通往我診療室的那條路。更重要的是，夢是在我們約診的前一天作的。對這一點，妳有沒有什麼想法？」

「那的確是你們的那條路。我還聽到鵝卵石的細碎聲，跟你們的過道一樣。但窗戶和那間很大的房子就不熟悉了。一間大房子，或許是電影布景？我不知道那是從哪裡跑出來的。」

「然後，是妳把自己藏在一張小椅子後面，椅子小得似乎不夠遮掩妳。然後，它一下子又消失了。所以說，妳是在我的診療室裡面，突然間又失去了躲藏的地方。這一點，妳有什麼想法？」

「我明白你要說的了。我人在這裡，在這間診療室，或許就是你的診療室，而我的遮掩突然被拿掉了，我沒得躲了，陷入了極大的恐懼。」

「妳說妳的遮掩是突然被人拿掉的，但實際上，妳決定來這裡，妳也就拿掉了妳的遮掩。」

「我可沒想得那麼深。我不可能也不會對你有所掩藏，我是袒胸露乳來的。」

「袒胸露乳？」

「我不是那個意思……」賈絲汀紅了臉。「我是說，我是掏心掏肺的。」

滿奇怪的口誤，裡面可能有些意義，但這已經是最後的療程，沒有時間去探討了。我會註記這一點，列入檔案，等哪一天，賈絲汀如果還要回來做長一點的治療，再作回應。「這個夢還有另一個面向，那就是發生在晚上，妳是偷偷摸摸爬窗子進來的，然後躲藏在裡面。我懷疑，那是否意味著妳找我的方式不太尋常。我們是在艾思翠的告別式上相遇，然後約了見面，不管怎麼說，這跟走我的前門進我的診療室到底不同。然後妳就敲定了非常少次數的療程。」

「對，完全正確。我明白你的意思。」

「但我一直在想的卻是妳帶的那把手槍。對這妳有什麼感覺？」

「我可沒說過手槍什麼東西。我是說我有一件很大的武器。」

「說說看，妳用心眼看還看得到那個夢嗎？」

賈絲汀閉上眼睛，彷彿漸漸睡去。「對，就在那兒。我可以看到，但有一點淡去了，但我可以看到我帶著一件武器，而且確定不是一把手槍。我帶的是某種極大的東西，很巨大。是一支火箭砲——不是，不是，是一顆原子彈。」

她睜開眼睛，搖著頭。

「有很多感覺，保持下去，繼續。那個巨大的武器怎麼樣？」

「這個夢說的是，我很危險。」

「關於危險，多說一點。」

「事實是，我很危險。有害。我充滿著憤怒。對每個流轉於我心中的人，懷著邪惡、憤怒的想法。所以我遠離別人。所以我才如此孤單。」

我們保持靜默，大約一、兩分鐘。時機到了。我一邊猶豫著，一邊卻已經把我想說、也應該要對她說的話想好了。「我有些事情要對妳說。我之所以猶豫到現在，關鍵在於我很在乎病人的隱私。那是艾思翠在我們的治療中告訴我的，我通常都不會轉述病人告訴我的事情。但對妳來說，知道這件事卻非常重要，所以我無法保持緘默。更重要的是，我相信艾思翠不會介意。」

賈絲汀緊緊盯著我。

「艾思翠告訴我，有一次她的情況壞到了極點，充滿恐懼，確信自己要死了，不停哭泣，無法控制。在她等待家人來的時候，一個護士彎下身子，在她耳邊低聲耳語：『給孩子們做個榜樣。』」

我停下來，看著賈絲汀。她的整張臉，整個身體，僵在那裡不動，彷彿凍結在時間裡了。

「她沒講名字，僅說那是一個很固執，但她十分尊敬的護士。是妳嗎，賈絲汀？是妳對她說的？」

「是的，是我對她說的。」

「艾思翠對我說，那句話，那句妳說的話，具有『轉化力量』。她說，那是她性命交關時的轉捩點，是她聽過最有幫助的話語。」

「為什麼？怎麼說？」

「她說，就那一瞬間，奇蹟似地，這句話讓她跳脫自我、想到了別人，生出某種意義，讓她知道即使自己就要死了，還是有些東西可以給她的家人——她可以示範如何面對死亡。妳給了她一份無價的禮物。」

賈絲汀默默坐著，好長一陣子才說：「老天爺，這真是天底下最殘酷的玩笑。」她轉開眼光，望向窗外，彷彿出神。「最殘酷的玩笑。你知道的，我不是在艾思翠的耳邊輕語，而是對著她吐信。對，我是在吐信。艾思翠擁有一切——一間擺滿漂亮花瓶和鮮花的病房，一個高爾夫球大的鑽石戒指……漂亮的孫兒女、一大群家人和朋友圍繞著她。我願意放棄一切得到她這樣的人生——甚至包括她的疾病。她高高在上，穿著粉藍長袍，接見川流不息的訪客和朋友，每個訪客都漂漂亮亮。她先生跟我談起他那艘該死的遊艇起碼一百遍，名重四方的亞隆醫師是她的治療師兼密友，他簽名的著作散在她床鋪四周，儘管如此，日復一日，她卻只會唉聲嘆氣和哭泣。她可憐？我才可憐。惡毒的嫉妒，我真被她氣得半死。」

「但是，儘管如此，妳卻是唯一為她帶來巨大安慰的人。她說的『轉化力量』。妳改變了她的人生。明白了這一點，妳會怎麼做？」

賈絲汀默默坐著，垂著頭，輕輕搖著。

我看一眼時鐘。「我們的時間到了，我滿捨不得就此結束。不管妳怎麼罵妳自己，妳善良的一面找到了對的話語並說了出來。到了最後，真正算數的是行動而不是思想。讓我們來做一個動腦的實驗，賈絲汀。」

她抬起頭來看著我。

「想像一下，」我繼續說道：「就在我這間診療室，有一排人，都是妳幫助過，甚至可能轉化過的。隊伍從這裡開始」——我指著我坐的椅子附近一個點——「想像所有感激妳的人，無論死掉的或活著的。妳看得到自己記得的人嗎？努力試試看，拜託。」

賈絲汀默默頷首。

「我可以想像，」我說出我的看法，「很長的一條人龍，彎出診療室一直排到街上，對不對？」

「沒錯。」賈絲汀微微點頭。「我看得到他們。其中幾個可以推回到麥可瑞斯醫院的時光。我看到了活著的和去世的，復原的和垂死的。我看到艾思翠站在那兒，靠近行列的前頭，沒錯，行列排得很長——一直延伸到遠處——長到我看不見的地方。」長長的停頓，然後她說，「謝謝你這樣幫助我。但還是有很多東西沒消掉。怒氣沒有平息。惡毒的念頭到處都是，伺機而動。」

「那些念頭都已經陳舊、古老，屬於妳過去那些艱苦不幸的歲月。而且妳已經坦然地帶著怒氣走過來了。當然，很多的憤懣與罪愆仍然糾纏著妳的兒子，妳雖然和他斷絕了關係，但仍然惦記他。所有這些情感，都要挖掘出來，加以檢視，最後，把它們拋棄。這需要時間和導引，但妳可以做得到。我確信妳可以，如果妳不嫌棄，我樂於做妳的導引。」

賈絲汀坐在那兒，淚流滿面，不再難以親近，不再像是以前的那個瑪庫姆小姐，而是整個人柔軟了下來，幾乎有點可愛，有點令人想給她個擁抱的感覺。她仰首看著我。「你說的當真?你不是說你也害怕會傷心?」

「寧願傷心也要做對的事情。更重要的是妳值得。準備好了，隨時打來。」

賈絲汀站起來，收拾東西，我送她到門口。離去時，她回首望了望我。在她眼裡我看到痛苦和悲傷，或許也有對自我的肯定。我期待她的來電。

7 放棄指望過去會變好

「這一次諮商，我要和前一次的不同。這一次，我要來個全面大翻修。我的六十歲生日就要到了，我要改變我的人生。」

莎莉開門見山，劈頭就說。這個豪爽率直的婦人，盯著我的眼睛，接住我的目光。她講的前一次，是六年前我們做的治療，當時她要求四個療程，就只四個，幫忙她處理久久不能平復的喪父之痛。儘管時間的利用很有效率，而且也相當深入挖掘了她與父母間風風雨雨的關係，我卻感覺到還有許多情況需要注意，但她執意只做四個療程。

「我不知道你還記得我多少。」她繼續說：「但我已經做了一輩子的物理技術員，我要改變這一切。事實上，我的心從來不曾放在這個工作上。我真正的志趣是寫作。我要當一個作家。」

「我沒印象妳跟我提過這件事。」

「我知道。我那時還沒準備好要談，甚至是和我自己談。現在我準備好了。正因為知道你是位作家，所以我再度聯絡你，我想，你能幫助我找到成為作家的道路。」

「我會盡力而為。妳請說。」

「我已經下定決心要把寫作放在第一位。現在，我已經有足夠的金錢可以這樣做，我的退休金，加上我先生的工作，他是飛機駕駛，就算聯合航空已經把機師的退休金洗劫一空——公司頂層還真是需要好幾億的薪水和獎金才夠——但我先生還是賺很多，至少還可以做五年。最重要的是，我必定有才氣。」

「必定有才氣？說來聽聽。」

「我的意思是，我必定有些才氣。十八歲那年，我得過文學協會新進作家小說獎。獎金四千元。那可是四十二年前了。」

「很大的獎！很大的榮譽！」

「很大的詛咒，那才是結果。」

「怎麼說？」

「當時有個想法，自己永遠也不可能達到那個榮譽了，開始覺得自己是個騙子，不敢把自己的作品拿出來。」

「妳以前寫些什麼？」

「應該說，我都在寫些什麼，因為，我從來沒停過寫作。什麼都寫一點——不停湧流的詩、小說和隨筆。」

「妳都怎麼處理自己的作品？發表過什麼嗎？」

「除了那篇得獎的短篇故事，什麼都沒發表，也沒嘗試要發表，一次都沒有。但我寫的每一篇東西我都還留著。什麼也沒送出去，但也什麼都沒丟。每篇東西我都收藏在一個大盒子裡，用強固的膠帶封存起來。每一篇，從十幾歲開始寫的東西。」

一個密封的大盒子，裡面裝著她寫過的每一篇東西！我的心開始狂跳，慢下來，慢下來，我叮嚀自己，因為我陷入了對作家的認同，覺得自己有一點過度介入了。好奇心燃燒起來。還有，同理心也跟著升起，想像自己一生所寫的稿子都藏在一個大盒子裡，不見天日，不禁打一個冷顫。千萬不要過度認同，我告訴自己。不會有什麼好事的。我回到莎莉身上。

「妳自己感覺怎樣？」

「什麼東西感覺怎樣？你是說把每篇東西都收藏在箱子裡？」

我點點頭。

「還不壞。眼不見，心不煩。一切都還過得去……直到現在。我告訴你，否認的好處其實很多。我一直認為，幹你們這一行，就是不太懂得欣賞否認。」

「沒錯，我們不會邀請否認來參加我們的營火晚會。我承認，我希望我的病人要進來之前先脫掉否認，掛在衣帽間裡。」

我們倆一同笑了。還真是搭對。上次在治療中講「營火」、「脫掉」及「衣帽間」，是什麼時候的事了？我感覺得到，我們挺愜意地融入了一場作家的對話。當心啊，當心，我提醒自己。她可是來求助的，不是來歡宴的。

「那個盒子——妳都保存在哪裡？」

「實際上有兩個盒子。盒子一號，是個大塊頭，塞得滿滿的，膠帶封起來，藏在看不見的地方，我的壁櫥後面。過去那些年裡，我丟了很多東西——衣服、相片、書——但就是沒丟那盒子。我人到哪裡盒子就跟到那哪裡，就像烏龜揹著牠的殼一樣，大半輩子，走到哪帶到哪。裡面裝的是我的作品，從青少年時期的一直到十五年前的。第二號盒子，藏的是我最近所有的作品，放在我的桌子下面，隨時待命打開。」

「所以說，妳保存著妳一生的寫作出產，帶在身邊但都藏在看不見的地方？」

「不對，不是我的全部作品。有不少很早期的作品下場悲慘。」

「怎麼會這樣？」

「滿怪異的一個故事。我可以確定，我並沒有在前次的治療中告訴你。事情是在我十四歲那年，有一天，我爸媽和兄弟都不在家裡，我跑到爸爸房間，偷翻他的衣櫃抽屜。這種事情對我來說沒什麼大不了的。至於當時要找的是什麼東西，我不記得了，反正我算得上慣犯就是了。也就是那一天，在我爸爸放毛衣的抽屜裡，我發現了我的兩首詩，紙張看起來有濕痕，好像沾過我爸爸的眼淚。我從來沒給過他我的詩，他居然有，我當然氣得不得了。他怎麼弄到手的？想都知道，哪還會有別的可能，一定是我上學的時候他偷翻我的房間偷走的。」

「所以……」

「啊，其實我根本沒辦法找他算帳，不是嗎？那樣一來，豈不是不打自招，承認自己偷翻了他的衣櫃。所以，我只能採取唯一的手段了。」

「那是……」

「把我寫的詩全部都燒掉。」

唉喲喂呀！我好像心臟挨了一刀。我不想表露出來，她卻明察秋毫。

「我說的，把你嚇到了。」

「燒掉自己寫的詩，全部！我試著想像一幅畫面，一個十四歲的女孩劃下一根火柴，點火燒詩。想起來都覺得心痛，覺得可怕。妳對自己還真是殘暴！告訴我，莎莉，對那個十四歲的小女孩，妳可曾有過一點同情心？」

莎莉似乎心有所動，頭往後仰，朝上望了幾秒鐘。「哼，之前，我可從沒想過這樣的問題。我得好好想想才行。」

「讓我們把這記在心裡，等以後再談。這很重要。至於現在，還是多談談妳這次來的理由吧。」我其實是一心想要回到那個用膠帶封起來的神祕盒子——那對我的吸引，簡直就像釘子之於磁鐵——但莎莉因父親侵犯她的隱私憤而燒毀自己作品的事卻把我給打斷了。情況變得需要格外謹慎。她會回到盒子上來，這我可以確定，但完全要看她訂的時間表，要等到她沒問題而且準備好了才行。

接下來的幾個月當中，我們都在為她的新生活做準備。首先，她要處理退休。這可是一大轉變，往往令人杌隉不安，能夠淡定以對的實在不多。雖然她充分覺知到這一路的障礙很多，但她是個既有決心又有效率的女人，便開列了一份清單，逐項加以解決。

首先，既然做了決定，事情無可逆轉，她就必須有所妥協。她所專長的物理領域變化極快，她的知識基礎很快就會跟不上，她明白，以後想要改變心意，回到原來的工作，根本就不可能有機會。為了要確保她的實驗室沒有她還能運作，她還用了些心機，促成一次設想周到的行政改組，確保過渡的順利。

其次，她要處理單獨生活。她先生打算繼續飛個五年，有一半的時間不在家，但她知道，自己有一群朋友可以作伴。然後就是財務問題。依我的建議，她和她先生找了一個財務顧問諮商，得到一個結論：只要他們少給孩子一些，他們就會有充分的退休養老金。於是，他們安排與兩個兒子會面，兒子向她保證，他們可以照顧自己。

清單的最後一項——在哪裡寫作——對莎莉而言，最是麻煩，為此，她苦思了兩個星期。要寫得好，就需要絕對的安靜、孤獨，與自然平和相處。最後，她選定附近一處被加州橡樹的茂密枝枒環繞的閣樓，租了下來。

然後，有一天，她帶著一個兩呎六十公分見方的盒子進到我的診療室，盒子重到在我們之間放下來時地板為之震動，令我大吃一驚。我們一言不發地對坐著，最後，只見她從包包裡拿出一把剪刀，往盒子旁邊的地板一跪，看著我說：「我想，就今天吧。」

我試圖把事情緩下來。莎莉卻紅了眼，嘴唇顫抖，手上的剪刀似乎握不太穩。「首先，讓我問妳一聲，妳還好吧，妳看起來很緊張，莎莉。」

她往後跪坐在腳跟上，回應道：「甚至早在第一次療程前，我就知道這一天總是要來的。我來看你，就是這個原因。這事讓我擔心害怕，好幾個晚上幾乎沒辦法睡，尤其是昨晚。但今天早上醒來，不管怎麼說，我知道是時候了。」

「把它打開來，妳心裡想會發生什麼事？」這個問題我之前就提出來過，但一點結果都沒有。今天，總算她自己送上門來了。

「我的人生有很多黑暗的篇章，有的情節比我告訴你的還要黑暗，這個盒子裡就有很多黑暗的故事。這些故事，我在我們的治療中或許提到過，但都只是間接的。我害怕這裡面的力量，實在不想再陷溺到那些日子裡。我怕得要死。啊，沒錯，你是知道的，我的家庭表面看起來很好，但裡面……裡面有很多痛苦。」

「這裡有妳不敢面對的某一篇小說或某一首詩嗎？」

從地板上起身，放下剪刀，莎莉坐回椅子上。「沒錯，一篇我念大學時寫的小說，昨晚整夜纏著我。篇名好像是〈巴士行〉（Riding on the Bus），寫的是我十三歲的時候，一段我非常不快樂，非常想要自殺的時期。在小說裡——是真實故事——我搭乘一輛巴士，坐到終點又往回搭，來來回回好幾個鐘頭，心裡想的是如何結束自己的生命。」

「跟我多談一些妳昨天晚上的失眠。」

「很糟。心跳得我能感覺到床鋪在動搖。我被這篇小說嚇壞了——一整天坐在巴士上，想著要自我了結。我還記得，當時我連活下去的理由都找不到。我不斷想像著自己打開盒子，四處翻找，找到了那篇小說。」

「那時候妳十三歲，而現在妳剛過六十。所以說，搭巴士是四十七年前的事了。妳不再是十三歲的小女孩，妳早已經長大成人，嫁了一個妳愛的男人，做了兩個兒子的母親；妳熱愛生命，今天還在這裡計畫追求自己真正的志業。莎莉，這麼長的一條路，妳已經走過來了。但妳害怕自己將會再度陷溺到過去，而且抓著這念頭不放。這詭異的迷思，怎麼會——又是什麼時候——抓住了妳的？」

「很久以前了。這正是我要用膠帶封死這盒子的原因。」她再度拿起剪刀。「或許，也是我把它帶來你這裡的原因吧。」

眉毛一聳，我給了她一個最迷惑的表情。「該怎麼做呢？」

「或許有你陪著，你可以拉我一把，把我留在這個世界。」

「拉人一把，我可是好手。」

「你保證？」

我點點頭。

說著，莎莉便再度跪到地板上，有條不紊地剪起膠帶來——盡量不傷到這個跟了她大半輩子的寶貝盒子——一點一點撬開盒蓋子。然後，坐回到椅子，我們倆都沉默不言，心懷敬畏，盯著那厚厚一疊蒙塵的紙張，記載她一生的文學紀錄。隨手拿起一張，她默默讀著，是一首詩。

「大聲一點，拜託。」

她看著我，有點嚇到。「這種事情我不習慣跟人分享。」

「改掉一個壞習慣，還有比當下更好的時候嗎？」

她雙手顫抖，看著紙頁，連著清了兩次喉嚨。「好吧，這首詩我完全不記得了，一九八〇寫的，我唸前面幾行。」

嚮往文字
並非飢餓
而是疾病
疾——病〔編按〕
沒有山脈
身心俱疲
只有平坦的
風景
咬食黑夜
有如列車
穿越懷俄明
循思路漫遊

我足跨越
有如禽鳥
涉足淺潮岸
直至海水或文字升起
漫過一切
珍稀鳥類
或異類心靈
的符號

淚盈滿眶，我無言以對。「這首詩，太棒了。莎莉，太棒了，我喜歡，尤其是最後幾行，意象豐富。」

莎莉抓一把紙巾，低頭，哭泣了好一陣子。然後，她用紙巾輕壓眼睛，偷

〔編按〕 原文為 Dis ease，此為一雙關語，亦可解讀為「無法 放鬆」。

看我。「謝謝你，那裡面有多少的意涵，你很難想像的。」整個療程剩下來的時間，她全都花在細篩這些人生的老舊篇章上，偶爾大聲讀個段落，然後，等到我們的時間將盡，坐回椅子，深深吸兩口氣。

「回到此時此刻了嗎？」我問。

「還停留在二〇一二。很開心有你陪著。謝謝你，若沒有你，我真的沒辦法打開它。」

看一眼時鐘。我們超過時間了。有時候，病人瞄到我在看時鐘，會說時間終於到了，我等不及要結束了。但多數時候，就像今天，情形剛好相反。我們都希望能有更多的時間，循著走過的路繼續追尋下去。

「我們必須停下來了，但得先盤算下一步，確定一下是明天見，或是再找一天。」

莎莉點頭同意。

「在家裡看妳寫的東西，心情會好嗎？還是妳喜歡把盒子留在我這裡，下次我們一起看？」

她考慮我的問題時，我加上一句：「我保證不偷看。」

莎莉選擇把盒子帶回家，兩天後再碰面。她走後，我心裡想，幹我這一行，還真是得天獨厚。能夠共同擁有這樣可貴的關鍵時光，真是何其有幸！而傾聽她讀她的詩，又是何等的享受。我是個音盲，不懂得欣賞音樂會或歌劇，但卻喜愛口說的文辭——戲劇，特別是，詩的朗讀。那一天，在這裡，有人付錢給我，讓我出席了這場盛大演出，聆聽精緻的詩行，和莎莉度過的美好時光還真令我有罪惡感。當然，我知道這是有問題的——毫無疑問地，移情作用在這次的療程裡無所不在；而她父親的形象徘徊不去，也大幅增加了她與我分享作品這件事的複雜性。身為一個專業作家，我該如何回應她的藝術性也是一個問題。有些治療師不願意讀病人寫的東西，就是擔心那會破壞了關係。萬一他們不喜歡或不能理解病人的書寫，反而進退維谷。我卻從來不為這些煩惱。不管是誰，只要是有心尋求創作力的培養，我都十分敬重。就算他的書寫並不為我所喜，我也總會在字裡行間找出令自己感動的東西，並把這些告訴作者。這永遠都是受到歡迎的，而且往往可以幫助作者提升他們的作品。由於莎莉是個有才華的作者，所以在這個個案裡根本不會有這些問題，我要做的就只是實話實說而已。

許多個星期下來，她把自己的作品整個讀遍，並辛苦地把每件事、每個字輸入電腦。而她在這方面所下的功夫，後來都成了治療工作的寶藏，有了這些，她做每次療程都有備而來，滿是各種關係——父母、兄弟姊妹、朋友及舊情人——的鮮活收集。在她二十出頭的時候，一系列的詩作，每一首感覺起來都痛苦而絕望，其實已經預示了第一段婚姻的瓦解。一天，她來到我的診療室，帶來一札情詩，共六十六首，都是寫給奧斯丁的，一個魔鬼情人，年輕時，她和他有過一段短暫激情的戀情。這些詩吟唱著無止境飆升的愛，但兩人的關係很快就達到巔峰，然後草草結束，不堪回首。她錯看了他，到頭來，覺得自己被糟蹋，飽受創傷。因此，當她翻出這些詩時，第一個衝動就是厭惡，想要將之付諸一炬，但跟我談過之後打消了念頭。我對她有這個想法頗感駭異。我從來不燒毀任何東西，卻有一個大夾子，名之為「碎片」，專門放那些從我的小說和故事中淘汰掉的材料。為了讓那些詩免遭火劫，我把這些全說給她聽，並採取緩兵之計，要求她朗讀一些和奧斯丁有關的詩。帶著顫抖的聲音，她讀了幾個小節。

「我覺得滿好的。」我說。

她流下眼淚。「但全都是欺騙，我自己也在欺騙。寫下這些東西的那幾個月，是我生命中最愉快的時期——然而，這些詩全都是從糞堆裡長出來的。」療程的最後十五分鐘，我們討論偉大的藝術作品剛起步時，有許多都是食之無味的。我提出論據，一個接著一個，為那些無辜的詩求情。我告訴她，糞堆之轉化成為美乃是藝術的勝利，如果沒有錯愛、死亡、絕望與迷失，絕大多數的藝術都不可能誕生。終於，莎莉總算默許，最後還把那六十六首寫給奧斯丁的詩轉錄到她的電腦。而我則覺得自己簡直就像個英雄，從烈火中拯救了一批珍貴的古代手稿。

到了後來，我們在回顧先前的治療時，我才知道，打開神祕的密封盒子雖然是主戲，但這段隨之而來的插曲，絕不止是一個附帶的短片而已。對於這段戀情，以及自己參與了奧斯丁精心設計的性虐待儀式，莎莉倍覺可恥，因此，數十年來她從未跟任何一個活著的人提過這事。如今，既然把這一切都對我攤開了，又得到了正面的回應，這影響極大，使她得到了巨大的解脫，療程結束時，她第一次要求並接受了一個擁抱。

那天晚上，她作了個夢。「我發現有人——可能是我先生——在我門口放了一堆洗過摺好的衣服。我把它們放進洗衣機——因為放在那兒有可能又沾了灰塵——但一轉頭，我改變了決定，便把衣服收進我的衣櫥。」這個夢講的東西再清楚不過：她不再有髒衣服要洗了。

隨著莎莉不斷篩濾她的小說和詩，我們討論了裡面形形色色的豐富題材，我預期還會有更多更驚人的題材被挖掘出來。那些使她終其一生埋葬自己寫作的黑暗作品到底在哪裡？譬如說，那則可怕的巴士故事又在哪裡？

然後，那一天來了。她捧著一個夾子進我的診療室。「那篇故事在這裡，能請你看看嗎？」

我打開夾子，五頁的故事，題名〈巴士行〉，敘述一個小女孩因為與父母爭執又遭到同班同學的惡毒辱罵，內心痛苦異常，課上到一半，決定蹺課，第一次認真地考慮到自殺。那是一個苦寒的冬日，冷到不可能走幾個小時的路回家，偏偏她又沒錢坐巴士。父親上班的地方就在附近，但前一天，他才拒絕在她和母親的激烈衝突中幫她，她仍然在氣頭上，不可能求他載她回家，或跟他要錢坐巴士。於是，小女孩踏上了巴士，翻開口袋表示自己沒錢。巴士司機起初拒絕她上車，但看到她凍得發抖，只好點頭准了。她坐在巴士後端，一路上小聲哭著。到了終點站，所有乘客都下了車，司機熄掉引擎，準備下車休息十分鐘，喝個咖啡，注意到還有個抽泣的小女孩，便問她為何還沒下車。她告訴他，她家在路線的另一頭，他不但沒趕她，反而買了一瓶可樂給她，還要她坐到他的旁邊，傍著前面的暖氣。那一天剩下的時間，女孩便和司機來來回回地搭著巴士。

放下故事，我抬起頭來看。「這就是那個你怕得要死的黑暗故事？」

「不是，我從來就沒找到那個故事。」

「那，這個呢？」

「我昨天寫的。」

我無言。默默對坐一陣子，最後由我發難。「妳知道我在想什麼嗎？幾個星期前，當妳終於瞭解妳的父母沒給妳愛，並不是因為他們殘忍，而是他們根本沒有愛可以給時，我跟妳講過的話，還記得嗎？」

「記得再清楚不過了。那時候你說，我應該放棄指望過去會變好。這句話抓住了我，一直在我心裡盤繞不去。雖然我不喜歡它，但它很有幫助，讓我跨越了一道難關。」

「放棄指望過去會變好是一個很有用的觀念。我用它幫助了很多人，也幫助過自己。但今天，在這裡——」我把故事還給她。「妳給了它一個既有創意又令人意想不到的反轉。妳並沒有放棄指望過去會變好，但卻為自己寫了一個新的過去。妳走出了一條極為出色的道路。」

莎莉把故事放回她的公事包，抬頭一笑，說了一句我所聽過最美好的稱讚：「這也沒什麼難的，如果你碰到了一個好心的巴士司機。」

8 去你的，你才得了絕症：向艾麗致敬

隱居夏威夷寫作一個月期間，收到病人艾麗的電子信，大感震驚：

哈囉，歐老，

我要跟你道別了，很抱歉沒能親自跟你說。我的症狀一個星期前惡化了許多，我決定採取自願禁食禁水，以便早些死掉，少些痛苦。我現在已經七十二小時沒喝任何東西（按照我所讀到和聽說的），應該很快就會開始「凋謝」，頂多兩個星期就會過去。我也停掉了我的化療。再見，歐老。

從我們開始做治療起，我就知道艾麗會死於癌症，儘管如此，這封信還是嚇了我一跳。關上電腦，把工作放到一邊，看著大海。

五個月前，艾麗進入我的生活，同樣也是透過電子信。

親愛的亞隆醫師，

大約一年前，我收聽了你在舊金山瑪希劇院（The Marsh Theater）的廣播訪談，馬上就覺得，你是一個值得諮商的人。我也喜歡你的書《凝視太陽》。我的情況是，現年六十三，得了絕症（卵巢癌復發，最初診斷出來大約是三年前）。目前覺得身體很好，但正在進行所有已知的化學藥物治療，使疾病得到控制，但藥物長期使用效果會打折扣，我也感覺到終點近了。我覺得，我或許可以尋求一些幫助，找出在這種情況下的最佳生活方式。我認為，不，我確定，關於死亡，我想得太多了。我不打算做持續的治療，但或許就一或兩次療程吧。

我並不覺得艾麗的電子信有什麼不對或不平常的地方（除了文筆流暢、標點嚴謹之外）。在我平常的執業中，幾乎一直都會有一兩個末期病人，我也越來越有信心，即使只是短期諮商，我還是可以提供一些有價值的東西。我立刻做了回覆，約她一個星期之後來會面，並告訴她地址及收費。

她出現在我舊金山診療室門廊，滿頭大汗，用報紙搧著自己，第一句話是：「水，拜託！」她先是在使館區（Mission district）她公寓附近趕街角的公車，然後，又爬了兩條陡峭的街區，到我位於俄羅斯山山頂上的診療室。

有了年紀，嬌小身材，約一百六十公分，顯然不太在乎外表，糾纏的頭髮需要好好梳一梳了，衣著寬鬆沒型，沒有首飾，沒有化妝，乍見之下，艾麗給我的印象，有如一個年華老去、心事重重的嬉皮，一個六〇年代的難民。她嘴唇發白皴裂，面帶倦容，甚至失望，但她的眼睛，褐色的大眼睛，炯炯有神。

拿一杯冰水放到她位子旁的小几上，在她對面我自己的椅子上落座。「妳來到這兒，我知道，還真是爬了好一段路，所以先喘口氣，涼一陣子，等會兒再開始吧。」

她倒是不花時間恢復。「我讀過你的一些書，真不敢相信，居然坐進了你的診療室。我真的十分感激，那麼快你就給了回覆。」

「我還需要瞭解妳些什麼，又該如何才幫得上妳，妳不妨多談一些。」

艾麗選擇以她的醫療歷史作為開始，詳細敘述了她的卵巢癌過程，語氣平板單調。我說，她講起話來好像事不關己似的，她點頭說：「有的時候，我根本就是用自動導航在駕駛。這故事我講了太多次，太多次了！但嘿，嘿，」她猶豫了一下才又說：「我只是在合作。我知道，你必須瞭解我的醫療史，我知道，你必須要知道。但不管怎麼說，我還是不希望你只把我看成是個癌症病人。」

「不會的，艾麗。我保證。但話又說回來，還是多塞一些東西給我。妳的電子信說，好幾種化療藥物的效果都被妳揮霍殆盡了。妳的腫瘤科醫師又是怎麼說的？妳到底病到了什麼地步？」

「一個月前，我們見面時，他是這樣說的：『我們的選項用光了。』我很瞭解他，觀察他好長一段時間了。我知道他的說話方式，消過毒，拐彎抹角的。

我明白，他其實是在說：『這癌症正活活把妳吃掉，艾麗，我沒法制止它。』他試過了所有的新藥，每一種都是當紅炸子雞：一陣子有效，然後減弱，最後完全沒用。一個星期前我們又見面，我逼他，狠狠逼他講真話。他有點招架不住，看起來很不舒服，很難過，讓我覺得給他壓力滿有罪惡感的。他其實是個好人。最後，他回說：『真的很遺憾，但依我看，頂多一年吧。』」

「很糟的消息，艾麗。」

「從一方面看，確實很糟。但換個角度，我反倒覺得好過。好過的是，終於，終於有了一句醫療專業的真話。我知道，要來了。其實他早都跟我講過。畢竟，兩年前我就聽他說，要活過這癌症的可能性不很高。那段時間，我真是百感交集。剛開始，光『癌症』兩個字就把我給嚇死了。我覺得自己遭到了汙染，遭到了恐嚇，遭到了蹂躪。那段日子想起來就痛，但我好歹是個靠寫東西吃飯的人，這段期間，自己的感受我都隨手寫了下來。如果你有興趣，我很樂意電郵給你。」

「非常想看。」我說的可是真心話。艾麗給我的印象是，思路清晰，口齒便給，我就很少聽病人這樣直率地討論死亡。

「漸漸地，恐懼大體上消失了，雖然，有時候想像自己體內癌細胞的模樣還是會嚇到自己，我上網，搜尋癌細胞侵入子宮的圖片，想像它不斷膨脹，爆開，把癌細胞的種子噴到我肚子裡每一寸地方。當然，我這都只是瞎想而已，但有一事則是確定知道的：時間有限的想法，改變了我原本計畫的生活方式。」

「怎麼個改變法？」

「太多了。舉例來說，我對錢的感覺不一樣了，用法不一樣了。我的錢不多，但我還是精打細算著花用。我從沒富有過，大半生做的都是低薪工作，科學作家及編輯……」

「啊，難怪電子信的文筆好，標點一絲不苟。」

「沒錯，老天爺，電子信對語文的糟蹋，我最痛恨！」艾麗的聲音激昂起來。「沒有人在乎拼寫或標點的恰當，湊句子而已。小心點——這我可是能講一輩子的。」

「抱歉，我得請妳換個跑道。剛才妳是在說妳對錢的態度。」

「對，我沒賺過什麼錢，從沒把心思放在那上面。從沒結過婚，也沒有孩子，看不出身後留錢有什麼意義。所以，上次跟腫瘤科醫師談過之後，我就做了一個重大決定：痛痛快快把積蓄給花掉，找個朋友去旅行，到歐洲那些自己一直想要去的地方走走。來一次豪華大觀光，真正的，頂級的揮霍。」艾麗的臉亮起來，聲音有了活力。「我真的是期待這一天。我想，我是在賭博，賭我的醫生有說對。他說一年，好吧，我就給自己留點餘地，存下足夠讓自己生活一年半的錢，其餘的全花到旅遊上。來一次大痛快。」

「要是妳的醫生錯了呢？要是妳活得比那久呢？」

「要是他錯了，套句行話，那我就全掛了。」艾麗調皮笑笑，我也報之一笑。

對於她的賭我大感興趣。其實我自己也常賭，我的朋友甚至我的孩子，只要有人要賭，棒球或足球比賽，我都來者不拒，偶爾也會到賽馬場享受一下，玩撲克牌更是樂此不疲。更重要的是，對於艾麗豪華大觀光的想法，我替她感到高興。

她說她想得很多。「有時候，我日子過得滿好，但常常會想到自己的未來：衰弱，退化，接近死亡。常問自己：『臨終時，妳會不會渴望有人陪著？』有時候想像自己像隻垂死的動物，爬進一個洞裡，躲開這個世界。我一個人住，但我並不喜歡，有時候想要像我以前常做的那樣，租個大地方，找一批全新的室友。但我現在哪有辦法？想像自己登個徵室友的廣告：『啊，附帶說明：我得癌症快要死了。』所以日子並不好過。但誠如我自己說過的，好日子也是有的。」

「那關於好日子的想法呢？」

「我常檢視自己。我會問：『妳過得如何呀，艾麗？』我就講自己的故事給自己聽，提醒自己往好處想，譬如我現在還活著，我樂在生活，不像過去一年煩惱得連日子都過不下去。但整個背景還是益趨黯淡，總是意識到自己得的是絕症。」

「總是這樣？」

「總是這樣……一種算計賴在那裡不走。碰到一個懷孕的朋友，我就開始算，嬰兒出生時自己是不是還活著。做化療很難過。我不斷問自己：『值得嗎？』我常想著玩兒，減點藥量什麼的，微調一下讓自己舒服些，少活兩個月，過過可能是九或十個月的好日子，而不要一整年的壞日子。然後，還有些別的：有時候，我會為自己不曾活過的生活覺得傷感。我想大概是我有遺憾。」

這段話立刻引起我的注意。對遺憾展開探討往往都會深化討論。

「什麼樣的遺憾，艾麗？」

「我想大概是放不開的遺憾。」

「放不開？怎麼說？」

她嘆口氣，思索了一下。「我太內向；老是躲著，不結婚，有話不講出來。」

本來想要朝她聲音中的憧憬與悲哀去追，但我反而選擇了一條比較唐突的路子。「艾麗，問題或許怪異，還是讓我問一下，在今天跟我的談話中，妳放得夠開嗎？」

我這是在碰運氣。艾麗雖然坦率，什麼困難都講出來，但不管怎麼說，不知道什麼原因，我總是隔著一層，覺得我們之間存在著距離。錯或許在我，但不管怎麼說，我們沒有充分進入狀況，我得要加以修補才行。許多得了絕症的人都會覺得自己遭到孤立，認為別人都刻意和自己保持距離，我絕不能讓這種情形在這裡發生。重新設定對談的方向，將之導入當下，強化治療者和病人之間的連結，往往可以為治療注入新的活力。

艾麗被我的問題嚇了一跳。喃喃自語兩、三次：「我在這裡放得夠開嗎？」只見她閉上眼睛，思索了一會兒，突然睜開，轉過來，直直盯著我，篤定地說：「不，一點都不。」

「那麼，如果妳放得夠開，妳會怎麼對我說呢？」

「我會說：『你幹嘛收我那麼多錢？你要那麼多錢幹嘛？』」

這下子我傻了。就像我常做的那樣，我有意的用假設句鼓勵病人放開，但這一次卻完全超乎我的想像，壓根沒想到一個有病在身、順從配合、輕聲細語，看起來對我願意見她感激得不得了的婦人，居然會做出這樣大膽的回應。

「呃……呃……」我結結巴巴起來。「我有點呃……呃……有點亂，不知怎麼說才好。」我完全失去了方寸，停下來整理思緒。想到她連個小錢也省，搭巴士來我的診療室，省吃節用地張羅她的豪華大觀光，對於我的收費，我不禁慚愧得一陣臊紅。每碰到這樣的困境，最後我都會祭出我自己的箴言：實話實說，實話實說，實話實說（至少到目前為止，照我的評估，這對我的病人是有幫助的）。很快地，我穩住了自己。

「好吧，艾麗，妳對我說的那些話，真的讓我很不舒服，但首先，我要妳知道——我是說真的——妳剛才的驚人之語還真讓我的情緒激動不已。而我之所以慌亂，是因為妳碰觸到了我個人的兩難之處。我當時的第一個反射動作就是要保護自己，要對妳說：『我的收費是舊金山精神科醫師現在的行情。』但我知道這不是妳的重點。收費那麼高，妳的意思很清楚：我並不需要錢。所以妳對上的是我個人對金錢取或捨的態度。這一點我現在一時也說不清楚，但有一事卻是我可以確定的：我想提出一個建議。我樂意給妳減半收費。這樣好嗎？這樣妳能夠負擔嗎？」

艾麗臉上掠過一陣驚訝，但也只是領會地點點頭。接著，很快就改變話題，談起她的日常行事，說有些事情非常花功夫，譬如寫回憶錄或成立一個部落格，都是自己必須做的，但時間卻又有限；每想到這，都會使她覺得事情變得更加困難了。我同意，如果她真正想要治療的話，這是一個我們必須著力的地方，但對我來說，很顯然地，有關費用的問題，她轉移得也未免太快了。我考慮了一會兒，心想我們何不針對剛剛發生過的事情檢視一下各自的感受，但接著又想，放慢一點——你對她要求太多了，畢竟這只是第一次療程。

我們的椅子之間有一張桌子，艾麗看著桌上的時鐘。時間快到了。她趕忙向我致意。「今天能和你聊聊，真是好。你確實有在傾聽，真的有接納我。跟你相處，滿自在的。」

「我的哪方面讓妳覺得自在，能說來聽聽？」

艾麗不作聲，停了幾秒，看著天花板，然後，豁出去了，說：「或許是因為你的年紀吧。我常常發現，跟老年人談死亡比較不那麼費力。之所以如此，或許是我覺得老年人都思考過自己的死亡。」

她拐彎抹角的恭維把我給搞毛了。談她的死亡本屬可以理解，但我有答應談我自己的嗎？我決定讓我的情緒曝光。不管怎麼講，我如果不把心裡的話講出來，我又怎麼能期待她呢？小心翼翼地，我挑選著自己的用詞。

「我明白妳的意思，艾麗，妳所說的，完全正確，無懈可擊：我是老了，非常老了，而且，對於死亡我思考過很多。但妳的說法還是讓我很惱火。怎麼說呢？」我斟酌了一會兒，然後繼續。「妳知道是什麼嗎？我認為，關鍵是我不願意被當成是個老人……沒錯，沒錯，我確定就是這個，而且這裡就有個現成的對比，是妳早先所說的，這也讓我完全理解了，妳說不願意被看作是個病人的意思。」

時間結束時，她問我，是否還可以約第二次療程。星期五，我一定會在舊金山，但艾麗不行，她那天要做化療。另一方面，在帕羅奧多，三十五哩之外，我也有診療室，但她沒有交通工具。我提議她去看舊金山的另一個治療師，她否決了。「這一個小時我的收穫很多。我感覺活過來了，好像重新認識了生命。我知道，在我的電子信裡面，我只要求一、兩次會面。但現在……」她停下來，深深吸一口氣，整理著思緒，轉向我說：「現在，我有一個不情之請，又不願意讓你為難。我知道，我們的行程兜不到一塊，無法每個星期都見面。」她又深深吸一口氣。「但我心想，你是否願意在我死前陪著我？」

是否願意在我死前陪著我？好個大問題！我還從來沒遇過有人這樣——這樣放得開地——要求過我。對於她的邀請，我深感榮幸，當下就答應了。

第二次療程，艾麗帶來一疊家人的老照片，外加一份今天想要跟我談的內容，全都是跟她家人有關的。泡在遙遠的過去裡，我可以確定，絕不是最好的方向，我心想，艾麗是否為了要討我歡心，而且誤以為我希望她多準備一些家庭的歷史？正當我琢磨該如何有技巧地說明這一點時，艾麗逕自講了開來，談起她對兄弟姊妹的深愛，充滿感情，兩眼欲濕，我問她原由，她卻因手足睽違之情，難以自禁地哭泣起來。等到恢復平靜，她說：「或許佛教徒說得對：『不執著，無痛苦。』」

我很想說些有幫助的東西，試圖說明「愛」與「執著」的區別，卻又辭不達意，說不出個名堂。我便就她家人之間的好感情發揮，說那中間自有豐盛與充實，她卻婉言以對，說什麼講這些並無必要，因為親情早已經深植在她的心中，她有信心，臨終時，只要需要，她的兄弟姊妹全都會來到她身邊，單這一點，想著便有極大的安慰。

這一路下來，在在提醒了我心理治療一項顛撲不破的原則，是我屢屢從病人那兒學來（又忘記）的，那就是：我能提供最有價值的東西，就是我全然活在當下，就只是陪著她。千萬不要想去說些聰明智慧的話語。無須去尋找有力的解釋讓事情改觀。你的工作就只是為她提供你完整的當下。信任她會從療程中找到自己需要的東西。

不一會兒，艾麗談到想要找份好收入工作的強烈願望。她講到她的生活細節，我才更加意識到她真正拮据的經濟情況。她租了一間小屋，舊金山最廉價區域的一房公寓，緊緊摳著一份儉省的預算，甚至來我這山頂上的診療室也不願意多花一點錢搭計程車。由於病得太重，過去兩年根本連個支薪的工作都保不住，現在只能當臨時保母，為一個朋友做些編輯工作賺些小錢。我明白，即使我大幅降低收費，對她來說，還是很大的負擔，足以威脅到她渴望的豪華大觀光。我支持她旅遊，也知道如果我無償為她看診，會大大提高她能負擔起那趟揮霍的可能性，但我感覺得到，她的自尊是不會允許她接受免費服務的。於是，我想到了一個辦法，或許可以讓她舒服些。

四十年前，我曾經看過一個非常內向的病人，也是一個作家，同樣負擔不起治療。我提出一項實驗性的安排：每次療程後，由她寫一份摘要，以此取代應付的費用，我也做同樣的事，隔幾個星期，我們再讀對方的摘要。剛開始，我只把這項活動當成是我們兩人之間的學習工具——我期望於她的是，評論我們的關係時，她能做到更加真誠，至於我自己，則是期望身為作家的自己釋放自我。後來沒想到，我們的摘要在治療師的教學上居然具有重大的價值，於是病人和我便合作出版了一本書（《日漸親近》[*Every Day Gets a Little Closer*]）。我把這個想法告訴艾麗，並提議她和我合作，重新進行一次這項實驗。又由於這次治療不會是長期的，我建議，我們兩個每次療程都各寫一份摘要，並在下次會面前電郵寄給對方。艾麗欣然接受，並同意馬上開始。

在她的第一份摘要中，艾麗反思了她跟別人談到自己的病的問題：

和歐老聊天很自在，因為他真正面對自己的死亡問題。跟別人談我的癌症，卻總是困難重重。我有一堆怪毛病。許多人都是過度關心，並不能幫你什麼忙。

就像那個凱瑟醫療機構的護士，老是在問：「有人可以開車帶妳來這裡嗎？」有人則太喜歡探聽。依我看，他們不過是窺視狂，想要滿足自己對癌症的病態好奇而已。我不喜歡這種情形，有時候真想說：「去你的，你自己去得個絕症吧。」

接下來的療程中，我說錯了話。我說我很欽佩她的勇氣，結果在她的下一篇摘要中招來了一番激烈的回應：

太多的人過度恭維，哇啦挖拉說：「妳好勇敢喔。」歐老也不能免俗。但說到底，得了癌症有什麼好勇敢的呢？一旦得了，我們有選擇嗎？但最糟的是——謝天謝地，歐老沒有，至少還沒有——說什麼病人勇敢地和癌症對抗，這全都是廢話，到頭來往往都是失敗收場。某某人在和癌症勇敢的對抗中敗下陣來了，你看過訃聞這樣寫的嗎？我痛恨這個！恨死了！如果有人在我的訃聞中這樣寫，我一定會回來殺了他！

但沒過多久，艾麗的健康急速惡化。化療效果變差，疲倦，厭食，幾次入院處理腹水——肚子裡的積水。很快地，她那豪華大觀光的夢想顯然泡湯了，她也再沒提起過。還有，我們療程摘要的書也沒了。一共只做了六個療程就收攤，摘要的內容也泛泛無甚高論。儘管她的那部分頗有一點光彩，但字裡行間隨處可見她的倦怠，文中滿是對我不收費的感激和尊敬。至於我自己的摘要則流於謹慎與表面，因為很明顯地，艾麗根本沒有精神投入。她顯然已經油盡燈枯，這時候還對我們的關係著墨太多，我覺得也不適合。就這樣，我們錯過了彼此，漏失了我們原先追尋的真正遭遇。

更重要的是，那段時間我完全投注在一本小說（《斯賓諾莎問題》[*The Spinoza Problem*]）的收尾工作上，我展開計畫了很久、為期一個月的隱居，放下所有一切，一刻不停地趕寫最後的章節，直到突然接到艾麗的電子信，才知道她已停止吃喝，可能不久人世。我既震驚又愧疚。震驚的是，縱使明知她的病已經到了末期，我居然還是把她的不久於人世放在次要地位，而把整個精神都擺在寫作上。至於愧疚，則是我知道我可以為她做得更多，譬如說，她病得無法走動時，我可以做家訪，在之前的療程以及我寄給她的摘要中，也可以跟她有更深切的互動。

我們未能發展出更充分的關係，問題出在哪裡？對於這個問題，我的第一個答案是，艾麗完全缺乏深入交往的能力。不管怎麼說，她沒結過婚，也沒有跟任何人維持過夠深夠久的情感關係。她搬過許多次家，有過許多室友，但有深厚交情的人卻不多。我知道事情並不這麼簡單，但我卻沒能說服自己。我知道，一定是因為某種理由，我對她有所保留。直至收到她的電子信，我才感受到真正的震撼，覺得有一股力量在推動我，要我把自己的小說暫時停下來，一絲不苟地閱讀我們的摘要及通信，藉此將關注轉移到艾麗身上。這一讀，才真正打開了我的眼睛——她的許多文句，充滿力量和智慧，令我驚訝不已。我一再確認她的電子信發信日期。我之前真的有讀過這些訊息嗎？怎麼可能呢？這些濃得化不開的字句為什麼那麼陌生？彷彿第一次讀到。

於是，我決定把小說擺到一邊，開始整理艾麗最有智慧和力量的文句，並寫下這篇懷念她的文字。我打電話給她，告訴她我的計畫，並徵求她的同意。她很開心，而且只有一個要求：用她的真名，不要用化名。

全神貫注讀她的摘要，我驚訝地發現，她時常提到她和我的深交，幾次寫到在這世上她只對我無所不談。舉例來說，她的第四次摘要是這樣寫的：

> 對方明明是個對臨終認識不深的人，你卻不得不跟他解釋自己的情況，這種情形我很不喜歡。歐老則讓我很自在，他不怕跟著我一同進入幽暗。對別人我就沒辦法做到這樣。跟他們解釋我的癌症無藥可醫，那真是難，太難了。他們動不動就問：「妳要做多久化療？」這問題很煩人，他們難道不知道？他們難道不知道我的病是不會放過我的？我需要的是那種可以坦然凝視著我的人。歐老就很懂得這一點。他的眼光從不閃躲。

這段文字加上許多類似的書寫讓我相信，儘管我覺得沒能真正觸及到她，卻因為我願意陪著她進入幽暗，而且在和她討論她的死亡時並不閃躲，因此給了她一些極為可貴的東西。越是往下讀，對於我如何能夠做到這樣，我越是覺得不可思議。

騎腳踏車往往是我思路最靈光的時候，因此我沿著考艾島（Kauai）的南海岸線，展開一趟長途的騎乘，思考這個問題。可以確定的是，這當然不是因為我已經完全克服了自己對死亡的恐懼。那可是一樁漸進的工作，一項不斷發展的作業，是花了我很長時間的。

四十年前，第一次跟末期癌症病人合作時，死亡的焦慮有如暴風，夢魘連連，使我飽受挫折。那時候，為了緩和壓力，我細細檢視自己的心理治療記憶——在精神科擔任住院醫師期間，我自己長達七百小時的心理分析——結果驚訝地發現，在這七百個小時當中，死亡的主題竟然連一次都不曾出現。真是難以置信！我的定數——人生最可怕的事實——在那麼長時間的分析中，竟然從來沒有浮現，一次都沒有被提到過（或許我的分析師，當時已經是七十歲後半段的人，是在保護她自己免於死亡的焦慮吧）。我明白，如果要跟末期病人工作，就要對自己的死亡恐懼做一些自己的功課，於是我重新做治療，找的是心理學家羅洛．梅（Rollo May），他的作品對存在的議題極為敏銳。

和他做的治療到底有多大幫助，我無法精確指出，但我確實知道，在我們的治療中，我不斷面對並處理自己會死亡的事實。羅洛的年齡比我長，回顧我們的晤談，多虧他從來不曾退縮過，反而從頭到尾逼著我往更深層去走。或許那只是一個將關起來的門打開來的過程，在溫柔敦厚且善解人意的指導下，別有所見，檢視並擁抱自己存在的每一個面向。漸漸地，幾個月過去，我的死亡焦慮消退，在處理末期病人的工作上也越來越得心應手。

正是此一人生經驗，使我在陪著艾麗時能夠做到全然的自在，毫無疑問地，她也珍惜我的真誠。拒絕是有害的。對於任何形式的拒絕，她都無法忍受。在一篇摘要中，她這樣寫道：

> 別人，甚至自己有癌症的，都對我說：「妳還會活個三十年。」他們

都對自己說：「我不會因此而死。」在我的支持團體中，甚至像南西那樣聰慧精明的人，昨天還給我發電郵說：「我們全都可以指望，只要堅持得夠久，就會有更好的療法發展出來。」

但這可不是我想聽的。這只是一張中間有個大洞的安全網。無論活長或活短，我都活在當下，此時此刻。我想要的是，除了活得久以外，還知道另有其他事物可以指望。我想知道的是，沒有必要逃避受苦和死亡的念頭，但讓這些念頭佔太多的時間和空間同樣也沒必要。我要的是，親近生命短暫的認知。然後，在此一認知的光照（或陰影）中，知道如何生活。如何活在當下。這就是我從癌症學到的——它把致命的疾病秀給你看，然後把你吐出來，還給世界，還給你的生活，還給你生活的一切喜樂和甜蜜，而這一切，你現在感覺到的比以前更多。而且你懂得了，有所得，有所失。

「有所得，有所失。」我知道艾麗指的是什麼。一個既簡單又複雜的觀念

——一個必須慢慢拆解的觀念。得到的，是對人生的一種新看法，失去的，是生命無限的妄想、以及個人的特殊性可以使我們豁免於自然法則的信念。

和死亡決鬥，艾麗使用的武器不是拒絕，而是接受——一個效果十足，她比之為癌症藥物的觀念。

> 我現在活著，這才是真正重要的事。
> 生命是暫時的——人皆如此。
> 我的作業，就是活下去至死亡為止。
> 我的作業，就是與自己的身體和平相處並加以珍惜，巨細靡遺，唯其如此，才能從這個穩定的核心出發，有力而開闊地向外發展。

所有這些觀念，每一個都有其個別的生命週期。她這樣寫道：

> 不久之後，每個人都停止作業。失去動力。觀念有如癌症藥物，不過

觀念的彈性較大——疲乏了便鬆弛一會兒，彷彿在休息，然後又回來，充滿了活力，成為更美好更強健的新個體，繼續上路。

眼看別人的活力與健康，艾麗深為嫉妒所苦，特別是在生病的初期。她知道，這種狹隘的心態不利於自己的身心，努力加以克服。和艾麗最後一次會面時，她跟我說了一些很值得留意的話：「現在，嫉妒不再，都過去了。事實上，我可以感覺到自己的開闊了。或許，我可以為我的朋友及手足立下一個臨終的示範。聽起來滿怪異，或許是無可救藥的樂觀主義吧，但卻成為支撐我的力量，一種不同於其他觀念，是不會凋謝的觀念。」

一個臨終的示範——好一句不同凡響的詞語！這又讓我回到了四十年前，身為一個治療師，第一次在工作中與此一觀念邂逅。在我第一批患有癌症的病人團體中，我拚命想要安撫一個重病的婦人，週復一週。雖然忘記了她的名字，我卻記得她的神色，沮喪削瘦的臉頰，悲傷低垂的灰眼，彷彿如在眼前。一天，她神采飛揚、精神奕奕地走進來，把我們一群人都嚇了一跳。她宣布：「這星期我做了一項重大決定，我決定做我孩子的典範——一個如何死亡的典範！」她的確做到了，她示範了優雅與尊嚴，不僅為她的孩子，也為團體的成員，以及每個跟她接觸過的人，直到去世。示範如何死亡的觀念，可以賦予一個人生命的意義直到最後一刻的來臨。這麼多年來，我把她的洞見傳給許多病人，但艾麗擲地有聲的話語（一個臨終的示範）甚至來得更有力量。誠如尼采所說：「如果我們對於人生中的『為何』成竹在胸，所有的『如何』也就不足為慮了。」

當艾麗強調起疾病的正面效應，這並不足為奇，因為，我們聽了許多末期病患這樣說。但不管怎麼說，艾麗的文詞卻有著不尋常的力量：

> 對家人和朋友來說，我比較像是個稀有物品。我也覺得自己很特殊。我的時間感覺起來比較有價值。我感覺自己重要、莊嚴、自信。我認為，我其實不像得癌症之前那樣怕死了，但卻更喜歡膩著死亡。我不擔心老去。我不會為了該做什麼或不做什麼而跟自己為難。我覺得，老天不止是

允許我而且是拜託我，要我快樂活著。我喜歡在某個網站上無意中看到的忠告：「好好享受每一塊三明治。」

在所有這些書寫中，她那古怪的幽默感隨處可見。

標準一提高

我這輩子從來沒有那麼頻繁的聽到過，那麼多的人，說我那麼好看。當然，也有沒有說出口的：「對一個有癌症的人來說」——但，嘿，管他的，我受之無愧！我給自己打同樣高分，自我表揚一番，心想：「我難道不比那個壞脾氣的業務員好看，還敢說我有癌症？對個有癌症的人來說，難道我樂觀也不對？」

今天我沒多少事可做（或整個星期，就這樣啦），但畢竟，我有癌症。

很好，但我這是在寵壞自己了。該是提高標準的時候了。

只要是說到她的死亡，艾麗的話幾乎全都很吸引人。每一篇我都一讀再讀。不斷自問，我怎麼可能以前讀過，卻一點都不記得呢？

童年對死亡的看法

我從來就是那種喜歡磨人的小孩，什麼問題都不放過，我纏著媽媽問死亡的問題，那時我才四歲或五歲。她說到天堂，但那一點幫助都沒有。當我望向天空，看到的就只是天空。我跑到父親那張推到角落的大皮椅後面躲起來，設想我自己只要永遠都待在那兒，死亡就找不到我了。

佛教教導人，活著要像死亡就在你的左肩上，有的時候，我卻覺得，兩個肩膀上都有它，事實上，它根本就爬進了我的身體。凡屬必然的，到哪裡都跑不掉。

這些文句那麼有力量，不可能會忘記的。事實是，第一次讀的時候我根本沒有讀進去。我不免驚訝於拒絕的力量，我的拒絕。因此，我現在才反覆再三地讀艾麗的文字，但這一次，眼睛和心靈都是打開的。這一次，她的文字力量使我為之屏息：

我該做的事就是愛自己的身體，所有部分。全部和整體。所有老去的凡人均煩惱無法奇蹟細緻的呼吸注定癌化的溫暖壓抑徒勞的努力不完美的美好恐嚇活命的掙扎照顧著受到驚嚇的受驚者活的死去活的呼吸暫時的奇妙的神祕的痛苦的絕症宇宙原子的集合就是我自己，就是我，於此一時間段落。這副肉體正在敗壞。正在長大的腫瘤，可怕而危險，無法挽回，摧毀，分解，消滅。這副肉體無法履行一項生命的基本工作，活下去，活下去。

剛知道自己的癌細胞已經擴散時，她寫道：

照著鏡子，我看到一張人臉，脆弱，生動，可愛，曇花一現。我沒檢查自己毛孔堵塞的皮膚，沒拂弄我的瀏海，也沒對自己的容貌下任何評語。我直直瞪視著那對瞪回來的眼睛，心想，可憐的寶貝，可憐的孩子。心想，這可是自己第一次這樣看著自己的臉孔——整體的。

讀著讀著，我眼眶含淚。艾麗看著鏡中自己說「啊，可憐的寶貝，可憐的孩子」的形象拉扯著我的心，也點燃了我對自己的恐懼。死亡的焦慮從未消失，尤其是那些像我一樣不斷在無意識中翻翻找找的人。儘管為自己下過了那麼多工夫，我還是不時會在凌晨三點醒來，重播一些場景：獲悉自己的絕症診斷，或躺在那兒等死，或想像妻子的悲傷。

但不管怎麼講，艾麗說我是完完全全陪在當下，完完全全願意隨著她進入最幽暗的地方。我知道，這都是事實，只不過不能確定我到底做到了多少。重讀下面這段她寫在一篇摘要中的想法，我審視自己的反應，部分答案呼之欲出了。

生命是不確定的——對每個人都一樣。我們隨時都在自己的身體裡面帶著自己的死亡。但是，去感受一下它，拿一個人的名字去感受一下他的死亡——那會很不一樣。

讀著這些句子，我審視著自己，艾麗的一字一句，我都理解、同意、承認，但當我把音量調大，更貼近聽時，卻聽到含糊的聲音發自我的內心深處：沒錯，沒錯，那全都對，但讓我們坦白一點吧，妳和我……我們是不一樣的。妳，可憐的小東西，是受苦的一方，是有癌症的一方，我關心妳，願意盡我一切的力量幫助妳。但我，我是健康的——沒有癌症。活著，沒有任何威脅。

但艾麗是一個有眼光的人。她一再說我是她唯一可以講心裡話的人，怎麼會呢？她說，我凝視她的眼睛，毫不閃躲，所以我接納她，包容她對我所講的一切。

真是難以理解。但當我鑽到她的文字裡面時，逐漸開始瞭解了。我的確很接近艾麗，但還不夠近！沒有近到危險的程度。我把我們不夠親近的問題錯怪於她。但她不是問題。她是個很能讓人親近的人。我才是問題。我一直在保護我自己。

我滿意自己嗎？不，當然不。但我的拒絕或許讓我得以做自己的工作。我現在就相信，所有我們這種會跟末期病人工作的，都必須以此為誡。我們必須不斷督促自己，不斷叮嚀自己保持聯繫，不要過於要求自己有同情心，太多的同情心。

回想我與艾麗的相處，心中遺憾甚多。我曾為艾麗感到遺憾，遺憾她從未大膽放開自己，遺憾她英年早逝，遺憾她沒有完成她的豪華大觀光。但此刻，回顧我和艾麗的相處，我卻為自己感到遺憾。在我們的晤談中，偷斤減兩的不是她，是我。我失去一個大好機會，面對一個有著豐富靈魂的人，卻未能與之更深刻地交往。

9 一哭、二哭、三哭

雖然只在多年以前和她見過一次面，做過一次諮商，我們相處的時刻卻鮮明地刻印在我腦海裡。海倫娜，一個可親的婦人，憂傷，口齒清晰。在我們的晤談中，她談到她的朋友比利，哭了三次。

比利，在她的生命中無與倫比，三個月前過世了。兩人的世界截然不同——他在蘇活區的同志圈裡打滾，她隱身於一樁十五年的布爾喬亞階級婚姻中——但他們卻是一輩子的朋友，二年級的時候認識，二十幾歲時在布魯克林一個社區同居。當時她清貧，他富有；她謹慎，他肆無忌憚；她樸拙，他手腕靈活。他金髮、一表人才，教她騎摩托車。

「有一次，」她追憶往事，眼睛閃著光芒。「我們騎摩托車，前後六個月，跑遍整個南美洲，什麼都沒帶，除了各人背上的一個小背包。那次旅行是我人生的巔峰。比利常說：『讓我們經歷一切，不要留下任何遺憾，用盡所有的一切，什麼都不留給死神。』然後，突然間，四個月前，腦癌，可憐的比利死了，不到一個星期。」

但那時候她還沒哭——哭，是過了幾分鐘之後的事。

「上個星期，我達到我人生一個重要的里程碑，我通過國家考試，現在已經是一個合格的臨床心理學家。」

「恭喜，確實是個里程碑。」

「里程碑未必都是好事。」

「怎麼說呢？」

「上個週末，我先生帶兩個孩子跟幾個最要好的朋友去露營，整個週末，我則是一個人消化這個新的里程，清點自己的人生。我打掃家裡，整理櫃子，一個接著一個，裡面全都塞得滿滿的，都是些用不著的東西，偶然翻到一本老掉牙的舊相簿，都是比利的相片，很多年沒看了。深深吸一口氣，我給自己調了杯飲料，在地板的一個角落坐下，慢慢翻著，可這一次，卻是帶著全然不同的眼光——一個治療師的眼光。端詳著一張比利的相片——我最喜歡的——他騎在他的摩托車上，皮夾克，拉鍊沒拉上，一抹神祕而又燦爛的微笑，舉著一瓶啤酒敬我，招呼我加入。這張相片我一直都喜歡，但突然間，我看到了別的東西，那是我第一次，第一次意識到比利的躁症，他有躁鬱症。念頭一閃，我不禁躊躇起來。所有那些我們當成寶貝的冒險，那些我們所做過的狂野的事情，或許什麼都不是，就只不過是……」

也就是在這裡，她第一次哭起來。抽抽嗒嗒，好幾分鐘。我提示她：「可以把剛才的話說完嗎？海倫娜，什麼都不是，就只不過是什麼？……」

她繼續哭，搖著頭，為自己用掉了一大堆的可麗舒紙巾道歉。她顧著想自己的，沒管我的問題，繼續說道：「也就是在那一刻我打電話跟你約診。想到他有躁鬱症時，那一刻實在是夠糟的，但到了那一天晚些，重讀我最近跟比利的電子信，情形變得更糟。事情到末了的時候，他寫了一封充滿愛意的信，說我對他有多重要，他多珍惜我們的情誼，縱使他的大腦已經要崩潰了，他滿腦子還是想著我。然後……」

在這個節骨眼上，海倫娜又忍不住了，第二次哭起來，再度伸手拿紙巾，哭得一塌糊塗。

「海倫娜，盡量說下去。」

「然後，我更仔細一點看那封電子信。」她邊啜泣著邊說。「我這才發現，他這信居然寄給超過一百個人，我只是一百個當中的一個，實際上是一百一十三個。」

她繼續哭，一發不可收拾，連著好幾分鐘。等她哭得稍微平靜了，我說：「然後呢，海倫娜？」

「然後，我翻到相簿的另一頁，貼著一張邀請卡，我根本全忘了。那是我們過去在布魯克林常辦的那種狂野的聯合慶生會。我生日是六月十一日，他六月十二日。我們出生只差幾個小時，通常都是一起慶生，而……」

到這裡，第三次來了。海倫娜又哭成了淚人兒。

我等了好一陣子，然後，幫她把話講完：「我們只差幾個小時，而現在他卻死了。想到都覺得可怕。」

「對，對。」海倫娜一邊哭一邊拚命地點著頭。

我看一眼手錶。她只要求一個療程，只剩下二十分鐘了。「海倫娜，我們先談妳這次哭的事：妳和比利同年，出生差幾個小時而已，而現在他卻死了。說說看，多說一點妳心裡想的。」

「我會來這裡，和他的去世只是剛好碰上的兩件事。但也有可能完全不是這麼回事。我記得，有一天我們去賽馬，那是我破天荒的第一遭。我很驚訝，比利居然不賭，我問他，他卻給了我一個古怪的回答。他說，他贏得的生命彩票——成千上百萬的卵子及精子——已經用光了他的運氣，要中獎還真要靠運氣才行。他指著丟在地上那些撕掉的馬票說，拜『生命彩票』之賜，他用不著浪費那些金錢，或從別人那兒去奪取更多的，反而可以最充分地用在過生活上。」

「他做到了嗎？」

「啊，沒錯，沒錯。痛痛快快活得那樣充實，那樣無懼，那樣精彩的，我還真沒見過。」

「所以，」我說：「如果連那樣旺盛的生命火焰都熄滅了，妳自己的也就朝不保夕了。」

海倫娜抬起眼光看著我，對我說得那麼率直不免驚訝。「沒錯，沒錯。」又抓了一把可麗舒。

「所以妳的眼淚也是為自己流的。他的死亡使妳自己的死亡更加鮮活。這是妳第一次這樣面對死亡？」

「不是，不是。小的時候，碰到死亡衝擊的時候，我想過好多次。每次參加葬禮，晚上睡不著，都會想到死。還有，我的老大出生時也是。他哭出來的第一聲給我的感觸極為強烈。」

「怎麼會呢？」

「事情擺在眼前，再清楚不過：生命開始了，接下去就是線性的發展，我只是一個載體，把生命傳給我兒子，他再把生命傳下去，然後，他也將面對死亡。我覺得，一切都再清楚不過了，我們都掛在一個時間表上，我們每個人，我當然也不例外。」

「我來講講我的想法。」我說。「『不要留下任何遺憾。』這可是比利說的。照妳的說法，妳和比利在一起時，生活得很充實，對不對？」

「沒錯。」

「看得出來，從妳談到這些時，眼睛裡閃爍著興奮就知道。那段時間的日子，沒有遺憾？」

「一點都沒有。」

「那麼，現在的日子呢？和妳先生及妳兒子的？」

「啊，你還真是不浪費時間。完全不一樣。我現在沒在過日子，好像把日子往後延了，過起來沒什麼感覺也沒什麼滋味，就這樣過著罷了，偏偏還有那麼多的事情壓著，衣服和床單和被套，還有那麼多的燈具和棒球手套和高爾夫球桿和帳篷和睡袋。」

「完全不同於妳跟比利的摩托車之旅——在南美洲，只背上一個背包的六個月。」

「啊，那可是天堂。純粹的天堂。現在呢，我嫁了一個好男人，我愛他，但是，啊，多希望沒有那樣大的壓力，多希望只背上一個背包就能走。事情實在太多。有時候我會想像，一支龐大的怪手穿破我家屋頂，一鏟子下來，把所有我們的東西都挖走——巨大的電視機和影碟機和沙發和洗碗機——當它舉起來把東西帶走時，我還看到它的牙齒上掛著草坪條紋帆布躺椅，在那兒晃呀晃的。」

「就這樣嗎？對過去這幾年的生活有什麼遺憾，多講一點。」

「我沒把它當過一回事，沒把它當作是我該過的日子在活。或許，我始終都是抓著一個想法不放，以為只有以前和比利過的那種日子才是真正的生活。」

「正因為這種想法，才使妳更難接受自己的死亡。如果覺得自己還沒有充分活過，每想到死亡，痛苦就會來得特別大。」

海倫娜點點頭。現在，我總算抓到她的整個心思了。

「我們回頭看看妳另外兩次哭泣的時候吧。當妳知道他把道別的電子信寄給一百多個人時，妳哭了。這一點我們不妨多談談。」

「我只是覺得自己不再特別了。以前，我們那麼親近，特別的親近。」

「你們經常在一起？」

「以前是，但後來這些年沒了。十年前搬到奧勒岡就沒了。我們分隔兩岸，見面，一年頂多一、兩次。」

「既然如此，」我沉吟了一下。「依我看，比利受到腦瘤的侵襲，或許和許多臨死的人一樣，覺得自己陷入了孤立，一急之下，什麼也不顧了，便大肆接觸他的整個社交網絡，連絡每個他認識的人。這似乎是可以理解的，而且滿人性的。但海倫娜，妳千萬不要把他的行為當成是你們感情關係的註腳。」

「沒錯，沒錯，這我知道。老天，我知道，真的！我在自己的工作中就看過很多夫婦，而且我幾乎每天都會告訴一些客戶或其他人，並非每個行為都是在傳達和感情關係有關的訊息。」

「完全正確，所以妳更不應該把他的行為當成一個訊息，拿來說明你們多年前的真實感情。感情雖然結束了，但並不就此湮滅。這也正好可以讓我們回到妳在這裡的第一次哭泣，當時妳說，妳突然發現比利是躁鬱症。試著想想看，那時候，妳的眼淚是在為什麼而流。」

「現在看，他的躁症再明白不過了。他從來沒停過。始終都是在全速衝刺。從來沒慢下來。我怎麼會沒注意到呢？真是不可思議。」

「我們還是來看一下妳之所以會那麼震驚的原因吧。」

「我認為，那一刻，我對自己的整個真實感產生了質疑。我心目中的人生巔峰、那顆灼熱的心，那時候，我，還有他，活得那麼驚心動魄——居然全都不是真實的。現在我才瞭解，說來說去全都是躁症發作。」

「海倫娜，我瞭解妳現在有多麼的不平衡。那麼多年來，在妳眼中，妳的人生始終就只那一種，而現在，突然間，妳所面對的現實卻是一個全新的，完全不同的版本。過去就這樣在妳的面前變調了——真是太震撼了！」

「的確如此，我覺得一片茫然。」

「海倫娜，妳說的話裡面，還有一些也讓人滿感到難過。比利，好好的一個人，活力十足，不可多得，一個妳一輩子的密友，最後卻簡化成為一項診斷，而妳和他共度的整個青春——一切精彩美好的經驗——也簡化成了『就只不過是』，就只不過是躁症的表現而已。他或許真的是躁症，但從妳的言談聽得出來，他也絕不是那個標籤所能涵蓋的。」

「我知道，我知道，但我一下子還跳不出來。」

「那就讓我來說說我現在的想法吧。當妳說妳和他在一起的全部青春歲月『什麼都不是，就只不過是』躁症而已，連我都嚇了一跳。我在想，如果把這個『就只不過是』用到現在我們之間所進行的，我猜想，可能也會有人說，就只不過是一樁商業交易而已，而我呢，就只不過是收費聆聽並對妳做出回應而已。有人或許會說，幫助妳讓妳覺得好些，是讓我覺得自己更有力量，更有成就感。又或者說，幫助妳得到生命的意義，我也就成就了自己的意義。沒錯，所有這些說法或許都成立。但若說連治療也『什麼都不是，就只不過是』上述這些有的沒的，那可就完全不能成立了。我覺得，妳和我彼此相遇，在我們之間有一些很真切的事情發生了，妳把自己的很多事情跟我商量，妳的言詞打動了我，而我也盡了心力。我不希望我們被簡化，也不希望比利被簡化。想到那一抹神祕而又燦爛的微笑，我喜歡，想到你們騎著摩托車跑遍整個南美洲，我羨慕，但想到妳就此要把這一切從妳的生命中剔除，我不免難過。」

結束時，我們兩個都累了，卻也豁然開朗了。她重新接受了自己的過去，並重新珍惜起她和比利共度的人生。至於我這邊，關於自己長期以來對診斷行為的厭惡，我有了新的看法。接受精神科醫師訓練期間，我經常發現正式的診斷分類大有問題。個案會議中，對於病人表現所做出的診斷，會診醫師都有不同的意見，最後，我終於領會到，歧見的產生通常不能怪醫師，而是既有的診斷事業中的問題。

擔任史丹佛住院部主任期間，要下達有效藥理治療的決定時，我依賴的是診斷。但在過去四十多年的治療師執業中，由於嚴重心理疾病患者不多，我發現，診斷程序大體上已經失去意義，我開始認為，說我們精神科醫師必須配合保險公司精確診斷的需求，根本就是一種扭曲，對治療師和病人都是一種傷害。在診斷程序中，我們脫離了自然。診斷的分類是人為的、武斷的，是委員會投票的產品，每十年都要做大幅的修訂。

和海倫娜的會晤讓我充分明白，一本正經的正式診斷，其瑣碎豈止於惹人厭煩而已。事實上，一個充分體現多面向的人到了我們的診療室，一經診斷就會被模糊掉，甚至遭到否定，對我們的治療構成妨礙。比利就是這種過程的犧牲品，能夠在恢復他多采多姿的過去中盡一點力，令我感到欣慰。

10 一日浮生

進了我的診療室，傑若逕自走向他的位子，意興闌珊，也不招呼我。我開始準備自己的心態。

望著窗外雪白羊毛般的成串紫羅蘭，他說：「歐老，我要懺悔。」欲言又止，然後突然掉過頭來面對著我說：「有個女的，艾莉西亞……我提過她的，你還記得嗎？」

「艾莉西亞？這個，瑪麗亞我們倒是談過不少，但艾莉西亞，不記得了，不妨再說來聽聽吧。」

「好吧，艾莉西亞，是另外一個女的啦，事情是這樣的……呃……艾莉西亞以為我要跟她結婚。」

「哇，我這可糊塗了。傑若，從頭說起，把話講明白。」

「好吧，昨天下午，瑪麗亞和我一起，跟你的凱薩琳會面做伴侶療程，事情爆開來了。一開始，瑪麗亞就打開她的皮包，抽出一疊——厚厚一疊——電子信，罪證確鑿，我和艾莉西亞討論過結婚的電子信。所以我今天決定，還是爽快一點的好。我寧願親口告訴你，不希望透過凱薩琳讓你知道，當然啦，如果她已經跟你說了，那就另當別論了。」

我大吃一驚。傑若，一個皮膚科醫師，三十二歲。這一年裡面，我和他不時會晤，密切關注他和瑪麗亞之間的感情關係，他們已經同居九個月。儘管口口聲聲說愛她，卻始終怯於給她一個承諾。「為什麼一定要給？」他不止一次說。「把我這僅有的一生押到這上面？」

到目前為止，我的感覺是治療的進展雖然穩定但很慢。傑若在大學裡主修過哲學，最初，他之所以會找上我，是因為讀過我的哲學小說，確信自己找對了治療師。開始合作的第一個月，他總是堅持透過抽象的哲學討論來做治療。但最近幾個星期以來，我比較少看到他這樣，態度似乎越來越認真，越來越願意與人分享內心世界。但即使這樣，他最急迫的問題，亦即他和瑪麗亞之間出了問題的感情關係並沒有改變。我明白，兩個人的功課，單治療一個人是沒有效果的，於是我在幾個星期前，建議他和瑪麗亞去看一個傑出的伴侶治療師，凱薩琳·佛斯特醫師，但沒料到，今天，只要是提到凱薩琳，他開口閉口都是「你的凱薩琳」。

對於傑若的懺悔，我該如何回應呢？他和瑪麗亞的危機可以從幾個方面來看：他讓兩個女人都以為他要和自己結婚；他對瑪麗亞侵入自己的電子郵件的反應；還有，他口中的我的凱薩琳，以及那底下的胡思亂想。但所有這些都可以暫時擺到一邊。我以為，眼前的首要之務應該放到我們的治療關係上，那才是當務之急。

「傑若，我們回到原點，討論一下你的第一句話，你說你要懺悔的那句話。很明顯地，對於我們的合作，你保留了一些重要的事情沒講，而你之所以今天才講，是因為你以為凱薩琳，我的凱薩琳，會告訴我。」

該死，我實在不該把我的凱薩琳這幾個字搬出來，我知道，那會節外生枝，但還是攔不住，蹦了出來。

「沒錯，我道歉，關於凱薩琳的俏皮話，我自己也搞不清楚怎麼來的。」

「是在暗示什麼嗎？」

「不確定。我想，那只是因為你很欣賞她，又把她的能力誇上了天。更何況，她確實是美到不可方物。」

「所以，你就以為凱薩琳和我有什麼了？」

「也不全然是啦。我的意思是說，別的不說，光是年齡就有很大的差距。你說過的，她是你的學生，大約三十年前。我上網搜尋過，知道她嫁給一個心理學家，也是你的學生……所以呢……呃……歐老，為什麼會那樣說，我真的不知道。」

「或許，你心裡是這樣希望的，希望我和你是一丘之貉，跟你一個樣，也搞不倫之戀。」

「可笑。」

「可笑？」

「可笑，但……」傑若自顧自地點了點頭。「可笑，但也可能沒錯。我承認，今天我走進來的時候，就覺得形單影隻，在風中飄搖不定。」

「所以你想有個伴？希望我們狼狽為奸？」

「我想是吧。有道理。沒錯，如果你是精神病那才是有道理。老天爺，這還真是尷尬，你搞得讓我覺得自己變成了一個十歲小孩。」

「我知道這很難堪，傑若，但不要逃避。你用『懺悔』那樣的字眼，我就很詫異。對你，對我，那代表什麼意思？」

「啊，說的無非是罪惡感，說自己做了什麼羞於承認的事吧。不管什麼事，只要是有損於你對我的看法，我都盡量不讓你知道。我十分尊敬你……這你是知道的……我非常希望，我之於你，能夠維持一個不會改變的……呃……不會改變的形象。」

「什麼樣的形象？你希望歐文．亞隆怎麼看傑若．赫爾西？來，我們花一點時間，變個場景出來，讓我好好端詳一下你的形象。」

「什麼啦？我可不會。」傑若又是扮鬼臉又是搖頭，彷彿急著擺脫自己惹來的一身腥。「我們到底在搞什麼名堂？離題太遠了吧，為什麼不談重要的事情——我和艾莉西亞及瑪麗亞的困境呢？」

「那當然重要，馬上就談。但先遷就我一下，繼續討論你在我心目中的形象。」

「夠了，我真的受不了了，這就是你們所謂的『阻抗』吧？」

「說對了。我知道，這感覺起來滿冒險的，但我們第一次見面時我就告訴過你，每一次諮商都是一次冒險，這一點很重要，你還記得吧？現在正是如此！試試看，冒個險吧。」

傑若閉上眼睛，臉轉向天花板。「好吧，來吧……我看到你在這間診療室裡面，坐在那邊。」他轉過來，眼睛仍然閉著，臉朝向我的桌子，我診療室的另一頭。「你正忙著寫東西，因為某些原因，我的形象湧進了你的心裡。你講的是這個意思吧？」

「正確，別停下來。」

「你閉上了眼睛，你在心裡看我的形象，看得很久。」

「很好，繼續。現在，我看的是你的臉，想像一下我在想什麼？」

「你心裡在想，啊，那是傑若，我在看著他……」沉入到幻象之中，他看起來比較放鬆。「沒錯，那是傑若，多好的一個傢伙呀。滿聰明的，又有學問。一個前途無量的年輕人。有深度，有想法。」

「繼續。我還想了些什麼？」

「你在想，『他多麼有品格，多麼正直呀……我所見過最優秀最善良的人……一個值得懷念的人』，就這一類的吧。」

「再講再講，你在我心目中有這樣的形象對你有多重要。」

「超超超級重要。」

「你找我諮商的目的本來是要我幫助你改變，但就我看來，你在我心目中的形象反而才是比較重要的。」

傑若搖頭，有點洩氣。「照今天的發展來看，這還真他媽的難以反駁。」

「沒錯，如果你在重要的事情上對我有所保留，例如你和艾莉西亞的關係，那就一定是這樣。」

「瞭解。說真的，我的行徑之荒唐也太明目張膽了。」

傑若癱到椅子上，我們短暫沉默相對。

「講講看，現在心裡想些什麼？」

「可恥。真的可恥。想到要跟你承認我可能無法和瑪麗亞結婚，你……我們……在瑪麗亞診斷出癌症及切除乳房之後，那樣辛苦地過來，我就覺得可恥。」

「繼續。」

「我是說，一個女人得了癌症，那會是什麼樣的痛？一個女人失去了乳房，就背叛遺棄她，還算個男人嗎？可恥。非常可恥。更渾蛋的是，我還是個醫生，我應該是要照顧別人的。」

我開始有點為傑若難過起來，感覺到一股衝動在我裡面發酵，想保護他不受到自責的怒火灼傷。我想要提醒他，他和瑪麗亞的感情早在她診斷出癌症之前就已經有了問題，但他現在正處在危機的關頭，我擔心，不管我說什麼，他都會當成我是在給他出主意。在這樣的狀況下，遷怒為他們做決定的人，包括他們的治療師，這種病人我看得太多了。事實上，在我看來，傑若可能暗自希望挑唆瑪麗亞，讓她決心斷絕他們的關係。畢竟，她是怎麼會發現那些電子信的呢？他一定是無意中跟她透露了什麼，若不然，他大可把那些信丟到垃圾桶或刪除掉。

「那麼，艾莉西亞呢？」我問。「你跟她，可以跟我講一些嗎？」

「我認識她有幾個月了。在健身房碰到的。」

「然後呢？」

「每個星期見面兩次，都在白天。」

「啊，可以跟我稍微講一點嗎？」

傑若有點不知所措，抬起眼睛看著我，注意到了我在笑，也笑了起來。

「你一定覺得很難啟齒。這兩難還真是既尷尬又痛苦。你來找我幫忙，卻又不願意老實講出來。」

「我知道，我知道……」

「說『不願意』還算客氣的，我根本就是打死也不想談。」

「怕會影響到你在我心目中的形象？」

「是的，是因為形象。」

傑若的話我琢磨了一會兒，決定採取一個非正規的策略——我不太在治療過程中用的。

「傑若，最近我正好在讀古羅馬皇帝馬可．奧里略（Marcus Aurelius），我想讀一點他的東西給你聽聽，跟我們討論的東西有關。你知道他的作品嗎？」

傑若的眼裡馬上充滿了興致。對這暫停他表示歡迎。「我讀過。我在大學主修過一段時間的古典文學，讀過他的《沉思錄》（*Meditations*），但那以後就沒有再碰過他了。」

我走到書桌，拿起那本奧里略的《沉思錄》，開始翻弄書頁。過去幾天，我一直都在讀這本書、對文章印象深刻；這主要是因為和另一個病人安德魯的不尋常互動。在前一個星期的療程中，安德魯對於自己一輩子都耗在沒有意義的工作上備感苦悶，他已經這樣好多次了。身為高薪的廣告主管，他恨透了向身穿加利亞諾（Galliano）晚裝的女人推銷勞斯萊斯轎車，那種毫無意義的工作目標。但他覺得別無選擇：肺氣腫很有可能縮短他的工作歲月，支付四個孩子的大學學費、照顧生病的父母，他都需要錢。建議安德魯讀奧里略的《沉思錄》，連我自己都感到訝異，因為我已經多年沒碰這本書，只記得他和安德魯的情形頗有一點類似：馬可．奧里略也是身不由己，所從事的行業並非出於自己選擇。他想做個哲學家，但卻身為羅馬皇帝的養子，最後被推選為父親的繼承人。因此，無緣於思與學的人生，他大半生都在做他的皇帝，為保護羅馬帝國的疆界而戰。然而，為了維持內心的寧靜，在希臘，奧里略把自己的哲學沉思口述給一個希臘奴隸，逐日記載，僅供皇帝本人過目。

那天的療程結束後，我突然想到安德魯人很勤勉，毫無疑問，他一定會認真地閱讀奧里略。因此，我也必須馬上讓自己重溫《沉思錄》，上個星期便把大部分的空閒時間，都放在這位西元二世紀古羅馬皇帝的身上，品味他力道十足的犀利文字，並為自己準備安德魯的下一個療程——就在看完傑若之後不久。

和傑若會面時，這就是我的心理背景，當他表示希望自己在我心目中的形象永遠不會改變時，我就不斷說服自己，奧里略的某些理念也有可能對他造成轉化。同一時間，我對自己的一廂情願卻也興起了疑問：我多次注意到，每讀到偉大的人生哲學家時，我總覺得他們跟我正在看診的許多病人大有關係，忍不住會引述某些自己剛讀到的觀念或章節。有的時候有效，但也經常失靈。

傑若一邊待著，有點不耐煩，我則匆匆翻閱著自己劃的重點。「只要幾分鐘，傑若，我保證，這裡確實有些話是對你有價值的。啊，有了：『不久，你將忘記一切，不久，一切都將把你遺忘。』

「還有這一段，正是我心裡想的。」我大聲朗讀出來，傑若閉著眼睛，看得出來很專心。「『我們全都是一日浮生；記人者與被記者都是，全都只是暫時的——記憶與被憶亦然。等時候到了，你將忘記一切；等時候到了，所有的人也都將忘記你。總要時時記得，不多久，你將一無所是，你將不知所終。』」

「還有這也是：『一轉眼間，一切為人記憶的均將埋葬於永恆的鴻溝。』」

我把書放下。「有沒有切中要害的？」

「『我們全都是一日浮生』那一句開頭的那一段怎麼說的？」

我打開書，再念一遍：

我們全都是一日浮生；記人者與被記者都是，全都只是暫時的——記憶與被憶亦然。等時候到了，你將忘記一切；等時候到了，所有的人也都將忘記你。總要時時記得，不多久，你將一無所是，你將不知所終。

「不知道為什麼，但背脊骨感到一陣哆嗦。」傑若說。

賓果！我開心極了。這正是我所期待的。看來這次的中途轉移還真是神來之筆。「傑若，把別的心思都放到一邊，專注到那股涼意上。聽它說些什麼。」

傑若閉上眼睛，像是進入了夢境。經過幾分鐘的沉寂，我又慫恿他。「反芻一下這句話：我們全都是一日浮生；記人者與被記者都是。」

眼睛仍然閉著，傑若緩緩回答：「這一刻，我生平第一次與馬可・奧里略接觸的記憶清晰有如水晶……那是我在達特茅斯（Dartmouth）大學讀二年級的時候，約拿但・霍爾教授的課。他要我針對《沉思錄》的第一部說出感想，我提出一個問題，使他頗感驚訝與興趣，問題是：『馬可．奧里略心目中有沒有讀者？』據說他根本沒有要把自己的話語讓別人閱讀的意思，又說他的話語所表達的都是他早已經爛熟於胸的東西，既然如此，他又是寫給誰的呢？我還記得，我的問題在班上激起了漫長而興致高昂的討論。」

真是煩人，非常煩人。又來了，傑若存心要把我拖下水，捲入一場有趣卻轉移焦點的討論。他仍然想要美化他在我心目中的形象。但按照過去一年跟他合作的經驗我知道，在這樣的情況下，最好不要去挑戰他，反而應該直接回應他的問題，然後再婉轉地將他引回正題。

「據我所知，根據學者的研究，奧里略會不斷溫習這些章節，主要是把它當成一種日課，強化自己的決心，規範自己的生活。」

傑若點點頭。這是他表示滿意的身體語言，我則繼續說道：「但還是讓我們回到我引述過的段落吧。你說，開頭的那句話讓你深受感動：我們全都是一日浮生；記人者與被記者都是。」

「我有說過我深受感動嗎？或許那時候有吧，但因為某種原因，現在它卻讓我冷了下來。說真的，此時此刻，實話實說，我不明白這怎麼跟我扯得上關係。」

「也許我可以幫你回憶一下整個過程。你瞧，十到十五分鐘之前，你解釋著你在我心目中的形象對你來說很重要，這才讓我想到，奧里略的文章可能會給你帶來一些啟發。」

「但是怎樣的啟發呢？」

真是氣人！傑若今天似乎特別不開竅——平常他可是靈光得很。我本來考慮就他的阻抗說一些重話，但打消了這個念頭，因為我相信他一定又會狡辯，結果只會使我們進展得更慢。我繼續慫恿他。「因為你很在乎我對你的印象，所以才叫我再念一遍那個段落開頭的那一句：『我們全都是一日浮生；記人者與被記者都是。』」

傑若搖頭。「我知道你試著要幫我，但這些高貴的宣言似乎完全和我搭不上邊，而且十足的蒼白、虛無。沒錯，當然，我們都只不過是一日浮生。當然，萬物不過一瞬。當然，我們都將消失於無形。這一切都再明白不過，有誰能夠否認？但這又有什麼幫助呢？」

「試試看這個，傑若，記住這個句子：『不久，一切都將把你遺忘。』另一方面，想想你把自己那麼在乎的形象寄託在我這顆心上，一顆行將死去、將要凋零、八十一歲蒼老的心上。」

「歐老，我無意冒犯，但是你的論點並不一致……」

我看到傑若的眼裡閃爍火花，期待著一場知性的辯論，他以一副如魚得水的模樣繼續說道：「聽著，我可不是要和你爭。我承認萬物皆在一瞬，不會自命不凡或自以為能長生不死。如同馬可・奧里略，我知道，在我有生之前，已有億萬年流逝，在我離世之後，仍有億萬年前來。但這對我寄希望於一個我敬重的人，那就是你，於陽光之下，在我短暫的有生之年給我一個好的評價又有什麼幫助呢？」

哎唷喂呀！嘗試這個方法實在是大錯特錯。我聽到時間滴答流逝。這一回合的討論把我們的整個療程都消耗掉了，我非得設法搶救一部分我們共處的時間才行。我常教學生，在療程中碰到麻煩時，有一招可以幫忙脫困，而且屢試不爽，那就是「程序阻斷」，也就是停止動作，並開始探索自己與病人之間的關係。我決定接受自己的忠告。

「傑若，我們暫停一下，把焦點轉移到你和我之間的現況上，好嗎？過去的十五分鐘，你覺得怎麼樣？」

「我認為我們表現得好得不得了。這麼多年來，這可是最有趣的一次療程。」

「你和我都享受了一次知性的辯論，但我卻懷疑自己今天對你有什麼助益。我原本指望，這些沉思中的某些篇章可以帶來一點啟發，對你希望在我心目中有個正面形象的重要性有所幫助，但我此刻認為你是對的，我的這種想法顯然有欠考慮。我建議，我們就此放下，用今天還剩下的一點時間，處理你所面對的你和瑪麗亞及艾莉西亞的危機。」

「我不同意那是欠考慮。我認為你是對的。只是我的話太多以致思慮不周而已。」

「就算這樣，我們還是回頭來看你和瑪麗亞現在的情況吧。」

「瑪麗亞會怎麼做我不太確定。所有這一切都是今天上午才發生的，那個療程一結束，她就必須回實驗室去開研究會議。至少她是這樣說的。有的時候，我認為她根本是在找藉口不來談。」

「但談談這個吧：你希望你們兩個之間會怎麼走下去？」

「我不認為這是我能決定的。事情鬧成了這個樣子，現在該叫牌的是她。」

「或許是你不想叫牌。我們來做個動腦實驗：如果現在必須由你決定，你希望事情會怎麼走下去？」

「走一步是一步。我也不知道。」

傑若緩緩搖頭，我們無言相對，坐完最後的幾分鐘。

準備結束時，我慎重其事地說：「我還想抓住這最後的時刻。不妨放在心裡，我的問題是：你連自己想要的是什麼都不知道，這表示什麼？下個療程我們就從這個問題開始。還有傑若，有個想法或許你也可以在這個星期裡好好思考：我有種感覺，一方面，你不知道自己要的是什麼，另一方面，你強烈希望你在我心目中的形象不會改變，這兩者之間有著關聯，或許是一種極為強烈的關聯。」

傑若起身離去時，我又加了幾句：「你現在事情滿多的，我不能保證幫得上忙，但如果你覺得有壓力，打電話給我，我會在這個星期找時間跟你見面。」

我對自己非常不滿意。照講，傑若的困擾是可以理解的。他在緊急關頭找上門來，我卻跟他吊書袋，自命不凡，念一個西元二世紀哲學家的玄學給他聽。簡直就是業餘才會犯的毛病！我到底在指望些什麼？單單念馬可．奧里略的文句就可以神奇地啟發他，快速地改變他嗎？真正重要的是他自己心目中對自己的形象，是他自己的自重，而不是我心目中對他的形象，這一點他會馬上明白嗎？我到底在想些什麼？我把自己弄得下不了台，而他呢，離去時一定比來時更加困惑吧。

§ § §

和安德魯會面之前，有一個半小時可以休息，我放下傑若，盡可能多讀一點馬可・奧里略，以便應付和安德魯的會面。但越是讀下去，心裡頭越不安，只因為又讀到一段，提及奧里略對自己生涯的不滿，渴望做哲學家，過另一種生活。而我建議安德魯讀《沉思錄》的理由正是他和馬可・奧里略都有著相同的難處——困在自己不想要的生涯裡面。我不禁擔心起等一下的會面：眼看著另一場馬可・奧里略的慘敗又要上場了。心裡唯一盼著的是，安德魯太忙，忙得沒把我的建議當真，早把馬可・奧里略給拋到九霄雲外去了。

但結果並非如此。當安德魯精神奕奕地踏進診療室時，我瞄到他手裡那本馬可・奧里略書裡密密麻麻的標籤，心馬上沉了下去。安德魯就坐，我卻繃緊了神經。

他迫不及待：「歐老，這本書。」他對我揮著那本《沉思錄》。「它改變了我的人生。謝謝，謝謝，謝謝你。我的感激，真的無法用言語形容。

「先講上次療程之後的情形好了。離開你這裡，我在街上停下來，到城市光廊書店買了一本《沉思錄》，第二天一早飛去紐約，去為公司競標一家大型休閒連鎖店的業務，並在晚上發表了一場在我看來相當精彩的報告。第二天上午，我正要搭機返家，我們新來的年輕主管傳了封電子信到我的 iPhone，他出席了我前一晚的發表會，提醒我還有幾項重點應該要留意。這下好了，我完全失去理智，就在起飛前，我回飆了一封氣急敗壞的電子信，痛斥他搞不清楚自己在講些什麼鬼話，他要是想去找個做得比我好的人也請自便。氣呼呼地，我把自己安頓在座位上，慢慢平靜下來，整個飛行途中都在閱讀馬可・奧里略。五個半小時後，下飛機時，我變了一個人。重讀那個主管的電子信，我的角度完全不一樣了。基本上，那其實是一封很正面的信，很有禮貌地為我下一場發表會提出兩點深思熟慮的建議。我打電話給他，向他道歉，謝謝他的建議。現在，我們的關係好得不得了。」

「很棒的故事，安德魯。回到馬可・奧里略，這本書怎麼會造成那麼大的不同？」

安德魯翻動重點畫得密密麻麻的書頁，過了一會兒才說：「這整本書都是純金的，但真正抓住我的篇章是第四章。你看：『拿掉自己的主張，「我受了傷害」的抱怨也就拿掉了，拿掉「我受了傷害」的抱怨，傷害也就被拿掉了。』」

「嗯，我不記得這一段。可以再念一遍，說說它好在哪裡嗎？」

「他寫道：『拿掉自己的主張，「我受了傷害」的抱怨也就拿掉了，拿掉「我受了傷害」的抱怨，傷害也就被拿掉了。』這是斯多葛學派（Stoics）的核心觀念。我仔細研究過整本書，他用不同的說法在很多地方都談到這一點，譬如第十二章寫道：『放下評斷就可以得到安全，還有誰會逃避這樣的放下呢？』還有，就隔著幾行，這一句我也喜歡：『一切都是想法的產物，而控制想法的是你自己。因此，任何時候，只要自己願意，想法都可以移除，這一來，心也就平靜下來——有如水手繞過海岬，找到了平靜水域及無浪海灣的擁抱。』」

「所以說，」安德魯繼續說道：「他教我的是，唯有自己的認知會傷害自己，改變自己的認知，也就消除了傷害。身外的任何東西均不至於傷害我們，因為，唯有自己的邪行才會傷害自己。唯一對應敵人之道，就是要有別於敵人。

「道理或許簡單，但卻改變了我的內在風景。舉個例子來說，昨天我太太壓力大得不得了，為了找不到一本她要的書，纏著我拚命吵，弄得我怒火中燒，幾乎快要爆炸，直到我想到馬可．奧里略的句子：『拿掉「我受了傷害」的想法，傷害也就不再。』我開始設想我太太所處的壓力——辦公室的危機、父親的垂危、孩子的衝突——就這樣，一轉眼，委屈消失，對我太太充滿憐惜，自己也就航進了『無浪海灣』的『平靜水域』。」

啊，能和安德魯相處，真一樂也！他教導自己，也教導了我。相對於和傑若相處的煩擾，真是有若天壤。安德魯侃侃而談時，我靠坐著，享受著他的話語和馬可．奧里略的智慧。

「讓我再說些我學到的東西。」安德魯繼續說：「過去我讀過不少哲學，但現在才瞭解，我讀的動機根本就是錯誤的。我是為虛榮而讀，是為了把自己的學問炫給別人看而讀。這本書……」安德魯拿起他的《沉思錄》，「讓我第一次真正體驗哲學，第一次真正瞭解，對人生，對我現階段的人生，這些老傢伙確實說了些重要的東西。」

療程結束，我滿心羞愧和驚奇。在和傑若的相處中，那種渺不可得「驚喜之情」，踏破鐵鞋遍尋不得；說也奇怪，在跟安德魯的合作中，卻不費吹灰之力就體會到了。

§ § §

傑若整個星期沒有跟我聯絡，下個療程會是什麼情況，我完全無法確定。但他倒是準時抵達，跟我打過招呼，馬上就講了開來：「我有很多事情要跟你說。有兩次，我幾乎要打電話給你了，但我還是決定自己撐過來。發生了一狗票的事情。瑪麗亞走了，留下一張字條，只有一句話：『我需要空間想想自己要走的路，會去我妹妹家。』記得上一次你問我，如果她決定離去，我會有什麼感覺嗎？啊，實驗現在展開了，我可以告訴你，我一點也不覺得輕鬆自在。」

「你現在覺得怎樣？」

「大體說來，覺得難過。為我們兩個感到難過。還有，煩躁不安。讀了她的便條，我不知所措。只知道我得搬出我們的公寓才行，那裡有太多的瑪麗亞。於是，我問朋友是否可以住到他在繆兒灘（Muir Beach）的小木屋去，打了個過夜的包，去度了個三天的週末，帶著你的馬可．奧里略。」

「帶著我的馬可．奧里略？還真是想不到！然後呢？週末過得怎樣呀？」

「很好。甚至可以說好得不得了。上個星期真的不好意思。不好意思我那麼輕蔑、那麼決絕。」

「上星期你被嚇到了，狀況不好。嗯，還有，那天我的節奏其實可以掌握得好些，讓情況緩和點。所以，你說那個週末『甚至可以說好得不得了』？」

「現在更好了。那時候，心情真是差到不行。孤獨成那個樣子還真是不尋常。真的沒想到會自己一個人度過那麼長的時間，什麼事都不做，就只是不停的想著自己。」

「說來聽聽。」

「我認為我是想要來一次徹底的隱居，像梭羅（Thoreau）在華爾騰那樣——雖然我在某個地方讀到過，梭羅的媽媽有為他的隱居送飯，還接手他要洗的髒衣服。但我為了要真正的隱居，做了最大的犧牲，我可是光著兩隻手去那兒的——沒有手機，沒有電腦。離開前，我把《沉思錄》下載列印，並確定我的工作搭檔都有我所有病人的手機號碼——儘管，你可能也知道，皮膚科醫師根本沒有什麼急診，這也是我選擇這一科的原因。沒有網路我還真覺得怪怪的。我是說，如果我想知道天氣情況，還非得把頭伸出窗外才行。所以呢，無所事事的三天，除了慢慢地讀《沉思錄》。啊，對了，我還有另外一項工作，就是思考你派給我的功課，你的動腦實驗，要我思考一下『我不知道自己要的是什麼』以及『我強烈希望自己在你心目中的形象不會改變』這兩者之間的關係。在這上面，我花了好大一把時間。」

啊，對了，那個動腦實驗。我可是把它給全忘了，但我卻不打算承認。「所以呢，你思考這個實驗的結果如何呀？」

「我認為我找到瞭解答。我完全可以確定，你的意思是說，我缺乏自信，我是在你的裡面尋找我自己，而我自己則是一片空虛，根本不可能認同自己的需求和慾望，這也就是我過去不能、現在也不能在瑪麗亞的事情上做成決定，還要逼著她去做決定的原因——而我之所以把自己的存在寄望於你，原因也在於此。」

我真是驚呆了。無言以對。盯著傑若好一會兒。這傢伙，我認識他嗎？是跟我相處了一年的那個傑若嗎？他這段有關動腦實驗的話，是我到目前為止聽他講自己講得最透徹、最坦白的一次。該怎麼回應呢？一如往常，每當無言以對，我就實話實說。

「傑若，這個動腦實驗是個持續進行的功課，並不是我花了很多時間想出來的，心裡也沒有一定的答案，完全是我們要結束療程時它自己蹦出來的，我只是抓住機會把它給了你。本能告訴我，它也許可以把你帶到一個對的地方，現在，看來我成功了。但我還是有一些問題：你說這些是我設想的，是我的看法，這不免讓我驚訝，難道你不能自己擁有這些看法嗎？那你在想些什麼？」

傑若微笑。「啊，這我沒辦法回答，不是嗎？因為我若沒有一個自我，那麼，誰或什麼才是那個用來安置無我的實體呢？」

哎呦，又來了，傑若故態復萌，耍嘴皮子，似是而非，都來了。我可不吃他這一套，連碰都不碰一下。「我可不記得你以前有說到過這種空虛感，聽起來滿重要的，我們不妨花點時間來探討一下。我真的很驚訝，這個週末對你的影響那麼大。你好像比以前坦率許多，也比較願意檢視自己的心態。來來來，談一談馬可·奧里略怎麼形塑了你這次的改變？」

「我就知道，知道你會問這個。我已經問過自己同樣的問題了。」傑若打開文件夾，裡面有列印的《沉思錄》，他抽出其中一頁用手寫的。「今天來之前，我摘錄了最讓我顫慄的幾段，我讀給你聽，並沒有特別照次序排。

「『我常感到不解，人總是愛自己遠勝於愛他人，卻又把別人對自己的評價放在自己的自我評價之上。』

「『若有人看輕於我，那是他的問題。我唯一在意的是，不做不說為人所看輕之事。』

「『毀承諾敗名譽之事，萬萬不可圖其好處。』」

「太好了，我十分欣賞，傑若，沒錯，這些都一語道破了我們所討論的問題：自我評價及自我認知的核心，應存乎於己心而非他人——亦即你在我心目中的形象。」

「沒錯，我漸漸抓到重點了。這裡還有類似的一段：

「『若有人證明我犯了錯誤，明確指出我的不當想法或行為，我將欣然接受。我力求真實，絕不傷害任何人：執意於自欺與無知便是傷害。』」

傑若從紙頁上抬起臉來看著我。「聽起來就好像是在寫我。還有一段，最後一段了，要不要聽？」

我點頭，樂於傾聽，更何況是字字珠璣。

「『切記切記，葡萄美酒本是葡萄汁液，皇家紫袍則是羊毛染以貝血……觀察事物若能如此——理解其本質，深入其核心，便可知其真實——時時皆須如此——每當遇事自稱真實——探其本然，觀其無稽，自可一掃其虛飾的神話。』」

鏗鏘有力！使我也不禁為之顫慄。他一邊讀，我一邊想，這個療程簡直就是上次的鏡中影像：今天是他讀我聽。

「我知道你下一個會問的問題。」傑若說。

「那是？」

「乾脆告訴你吧，影響我改變的到底是什麼。」

「完全正確。今天賭一千。要不要試一試？」

「一個再合理不過的問題，但我真的無法回答你。事情並非真是那樣——並不是我讀了一篇有智慧的文章就突然改變了。」

啊哈，我們又回到從前了。和往常一樣，傑若絕不是那麼好搞的。我還真懷念安德魯，甚至不用我催，他馬上就把造成他改變的篇章及觀念都抖了出來。傑若怎麼會那麼難搞？傑若為什麼不能，即使就此一次，跟安德魯一樣？

「你是什麼意思，傑若，『事情並非真是那樣』？」

「我把具有顫慄力量的段落抄寫下來——讓我激動不已的段落。但我就是無法跳躍到說是某些個文字、某些個想法改變了我。事情不是這樣的。根本沒有所謂頓悟，而是比較全面的，是一整個過程。」

「一整個過程？」

「怎麼說呢？這樣說吧，我是受到這個人每日自省的強烈影響。他每天早晨認真督促自己，而我活了一輩子，連一個早晨都沒做到。於是，我把他引入心中當作自己的生活典範。上個星期我提出的問題：『他是寫給誰的？』現在，我知道了。很顯然地，他的沉思是他發願要過美好生活，從他內心深處每天傳達給自己的信息。我認為你指的就是這個。沒錯，現在我也希望自己能做到這一點。我非常崇拜他。我還能說什麼呢？沒錯，有一件事情，這本書，這些沉思，讓我看見，真正看見，自己是個什麼德性。他的沉思引導我，讓我瞭解自己的整個人生都是錯的。我決心要改變。這個星期我要去向瑪麗亞及艾莉西亞坦白，把真相告訴她們：我還沒有準備好向她們任何一個提出感情上的承諾，我自己還有一大堆的功課要做。我甚至重新思考了自己的職業生涯。我不喜歡自己正在做的事情，記得我曾經跟你說過，我選擇主修皮膚科是因為日子比較好過。我並不是瞧不起自己的專業——我的意思是，我不恥於自己選擇它的理由。」

傑若停下來，我們沉默對坐好一會兒。

但我還想瞭解更多。儘管我已經看了五十年的病人，只要真正有幫助，不論什麼問題，我還是想要追根究柢。

「傑若，我知道那一整個過程對你的影響，以後我也會盡一切可能支持這個過程。但不管怎麼說，一定是有某些個別的沉思影響了你，這種想法還是有其分量。剛才你讀過的那些，可以讓我看看嗎？」

傑若有點猶豫，但還是把那份節錄給了我。

我感覺到了他的猶豫，但決定不說破。我知道他的意思是：我和他真不對盤。我的渴望瞭解是件好事，它可以點燃我對病人的興趣，但有的時候，就像這一刻，也可能是壞事，它使得我無法單單滿足於看診時間的當下。

看了一下那份節錄，我說：「我很驚訝，在你挑選的這些沉思中，有幾則直指德行與誠實問題，它們強調的都是，傷害的唯一來源就是自己的邪行。」

「沒錯，馬可・奧里略的文本反覆申述：唯德行為善，唯邪行為惡。一而再再而三，他強調，如果堅守自己的德行，就不可能為害。」

「因此，換句話說，他為你指出了一條為自己打造正面形象的道路。」

「對，完全正確。我聽到宏亮的聲音在說：如果我是善良誠實的，對自己及他人，我便會以自己為榮。」

「你一旦做到了這一點，你在我心目中是什麼形象就一點都不重要了。我最喜歡的精神科醫師之一，凱倫・霍爾尼（Karen Horney），曾寫過，若要覺得自己善良，就必須行善行。這個道理簡單又可敬，正是源自於早生於他的馬可·奧里略及亞里斯多德。」

「沒錯。從此不再欺騙。可以放諸四海。」

「讓我們就從現在做起。我們今天還有兩分鐘，就用它來檢視一下你今天對我的感覺吧。」

「幾乎全屬正面。我知道你一直都在幫助我，為我用盡心力。唯一讓我不爽的是，你逼著要我講出來，究竟是馬可·奧里略的哪一段話真正的有幫助。我覺得你簡直就是在要我扭曲自己的經驗，以滿足你的好奇心或確證你的預感，甚至對我的治療過程做分類。」

「一語中的，傑若。一語中的。說得極為中肯，這是我該努力的地方。」

§ § §

看下一個病人之前，我還有相當多的時間回味傑若與安德魯，以及我親身經歷了的精采過程。我不免心有戚戚：人類心意識的無限複雜，再次讓我覺得卑微，而我的專業領域企圖在治療病人上預設立場，以集體方式簡化、標準化並編寫指導手冊，其徒然無用也再次令我覺得失望。反倒是這兩個病人，他們潛入人類心識遼闊的智慧之海，各以不同方式得到益處，而且他們的方式既非我也不是任何其他人所能預知的。

我心想，以近八二高齡之軀，當此之際，這片汪洋呈現於我的真是何其之多，其間充滿生命、激情與好奇；但也因為失去了諸多所識及所愛而失色黯淡，除了傷悲青春之逝，更要為自己這副退化了的骨架而分心，不聽話的膝蓋嘎吱有聲，而髮蒼蒼，而視茫茫，眼看暮色漸濃漸深，最後的黑暗也將無情掩至了。打開《沉思錄》翻閱，發現這一段似是為我而發：

> 俱往矣，姑且安於這一方小小的時間之域，與自然協調，結束你的旅程，圓滿無憾，一如一粒橄欖之熟落，感激自然的生孕，謝謝樹木之養育。

結語

身為治療師，所能做的最重要的事情，就是提供一個可以信賴的治療關係，讓病人可以在其中取其所需。如果我們以為某種特定的作為——不論其為解釋、建議、再標籤，或再保證——具有神奇的療癒力量，那就是在欺騙自己。

在這些故事裡，病人為自己找到出路，其方式往往出乎我的預料。一個病人，把我看得跟神一樣，儼然一個為他賦予重要性的重要人物。一個病人，修補了自己與現實的斷裂感，其間起著作用的居然是她與治療師之間坦然的交心。另一個病人則領悟了活在當下便是真實生活的道理。還有一個病人，因為我介紹他一個管家而改變了人生。一個護士，經由引導認識了自己比較好的一面。一個失語的作家，找到了她自己的聲音。一個臨終的病人，一旦決心為朋友和家人立個死亡的典範時，為她自己最後的日子帶來了意義。一個病人，自己也是治療師，總算明白了，診斷也有可能會損害並扭曲理解。一個病人，以一個古代思想家為師，效法他的修身，因而找回了自己。在每個個案中，我都是刻意為每個病人設計——有時則是偶然得之——個別的途徑，而這些都是在一般治療手冊中找不到的。又因為我們並不一定知道效果會是如何，因此，身為治療師，在病人自我發現的旅程上，我們陪伴在旁，碰到一切難以理解的現象，都必須學會泰然處之。

我寫這些，是為關心人類心靈與個人成長的人而寫，是為認同這些故事中永恆的存在危機的讀者而寫，是為有心進入治療這一行或已經身在其中的人而寫。希望這些心理復健的故事，能為那些與自己心魔戰鬥的人注入一劑強心針。

我也熱切希望新手治療師可以在此書中找到價值。這十個故事都可以當作教案，為心理治療提供活生生的教材，是一般現行教科書所沒有的。今天的大部分教學課程（往往受到認證委員會或保險公司的壓力）所提供的教學內容無非個案陳述，「實證的」治療個案，由高度個別的技術界定，構成互為分離的診斷分類，諸如憂鬱症、飲食障礙症、恐慌症、躁鬱症、上癮，或各種恐懼症。

我憂心的是，當前教育的重點弄到最後將會失去全人的關照，我用在這十個人身上的人本整體分析不久也將成為絕響。儘管有關心理治療療效的研究在在顯示，決定最後結果的最重要因素就是治療關係，然而，在研究所的課程中，這種關係的特質、發生與演變卻很少成為教學的重點。

在這些故事裡，我也希望傳達一個理念：專注當下是非常好用的法門。我一再提醒自己注意我與病人的連結：我會做程序阻斷；我會反覆詢問療程進行中我們的對應情況；我會問病人對我是否有問題要問；我會就我們在夢中的關係探詢意見。總之，在我們之間發展出一種坦率、透明、有益的情誼始終都是我的最高優先。

我還希望這些故事可以增加治療師對存在這個主題的注意。在這十個故事裡，對於我的病人所患的疾病，我都跳脫傳統的分類加以看待：一個年輕人，試圖透過性的活力擺脫死亡恐懼；一個老年人，抓住青春無限好的特質對抗老之將至的有限；一個垂死尋找意義的病人；一個照顧別人卻安頓不好自己的護士；一個渴望過去會更好的人；還有一個人，想要在我的記憶中留下一個好印象以平衡自我的失落。

與存在問題纏鬥不休的病人，數量遠遠超過一般想像。這些故事裡的病人都是在處理焦慮，包括死亡的焦慮、喪失所愛乃至最後喪失自己的焦慮、如何活出意義的焦慮、應付老化與機會不再的焦慮，以及對選擇與徹底隔離的焦慮。若要有所幫助，治療師需要對存在問題有一顆敏銳的心，必須有一套對症下藥的做法，從根本上有別於其他取向的臨床處理。

致讀者

基於隱私原則，基本上，我在故事裡大幅隱匿病人的身分，少數幾個地方，帶了一部分其他病人的病史，偶爾有一些場景是虛構的。故事的結局都是真實的，我都請病人核實過，並立下發表同意書。保羅（〈扭曲的治療〉）與艾思翠（〈給孩子們做個榜樣〉）雖然久已不在人世，我還是改寫了他們的經歷和身分，不叫人認得出來；我相信，對於拿他們的經歷當作教材使人受益，他們是會欣然同意的。埃麗（〈去你的，你才得了絕症〉）在我寫她的故事時去世，但她同意了我的寫作計畫，很高興我引用了她的文字，並堅持要用真名。

致謝

我的兒子班恩·亞隆（Ben Yalom）是本書主編，編老爸的書，其棘手可知，但他卻凡事體貼商量，一路下來助益匪淺。妻子瑪麗蓮（Marilyn），永遠都是我最嚴厲的書評，從頭至尾不曾懈怠。我的著作經理人Sandy Dijkstra，一如往常，是我的至寶。另外還要衷心感謝許多撥冗讀這些故事的朋友和同事：Svetlana Shtukareva、David Spiegel、Robert Berger、Herb Kotz、Ruthellen Josselson、Hans Steiner、Randy Weingarten，以及Pegasus寫作班全體成員。

【附錄】延伸閱讀

1. 《生命的禮物：給心理治療師的85則備忘錄》（2002），歐文·亞隆（Irvin D. Yalom），心靈工坊。
2. 《日漸親近：心理治療師與作家的交換筆記》（2004），歐文·亞隆（Irvin D. Yalom）金妮·艾肯（Ginny Elkin），心靈工坊。
3. 《叔本華的眼淚》（2005），歐文·亞隆（Irvin D. Yalom），心靈工坊。
4. 《凝視太陽：面對死亡恐懼》（2009），歐文·亞隆（Irvin D. Yalom），心靈工坊。
5. 《斯賓諾莎問題》（2013），歐文·亞隆（Irvin D. Yalom），心靈工坊。
6. 《歐文·亞隆的心靈地圖》（2013），朱瑟琳·喬塞爾森（Ruthellen

Josselson），心靈工坊。

7.《存在心理治療（上）死亡》（2003），歐文·亞隆（Irvin D. Yalom），張老師文化。

8.《存在心理治療（下）自由、孤獨、無意義》（2003），歐文·亞隆（Irvin D. Yalom），張老師文化。

9.《診療椅上的謊言》（2007），歐文·亞隆（Irvin D. Yalom），張老師文化。

10.《愛情劊子手》（2007），歐文·亞隆（Irvin D. Yalom），張老師文化。

11.《當尼采哭泣》（2007），歐文·亞隆（Irvin D. Yalom），張老師文化。

12.《媽媽和生命的意義》（2012），歐文·亞隆（Irvin D. Yalom），張老師文化。

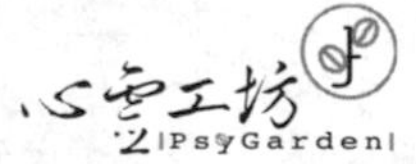

Story 015

一日浮生：十個探問生命意義的故事

作者：歐文・亞隆（Irvin D. Yalom）
譯者：鄧伯宸

出版者—心靈工坊文化事業股份有限公司
發行人—王浩威　總編輯—徐嘉俊
執行編輯—黃福惠
通訊地址—10684 台北市大安區信義路四段 53 巷 8 號 2 樓
郵政劃撥—19546215　戶名—心靈工坊文化事業股份有限公司
電話—02）2702-9186　傳真—02）2702-9286
Email—service@psygarden.com.tw　網址—www.psygarden.com.tw

製版・印刷—彩峰造藝股份有限公司
總經銷—大和書報圖書股份有限公司
電話—02）8990-2588　傳真—02）2290-1658
通訊地址—248 新北市新莊區五工五路二號
初版一刷—2015 年 2 月　初版二十二刷—2024 年 2 月
ISBN—978-986-357-024-0　定價—380 元
CREATURES OF A DAY
by Irvin D. Yalom

Published by Basic Books, A Member of the Perseus Books Group

---

國家圖書館出版品預行編目資料

一日浮生：十個探問生命意義的故事／歐文・亞隆（Irvin D. Yalom）作；鄧伯宸譯.
-- 初版. -- 臺北市：心靈工坊文化，2015.02
面；　公分
譯自：Creatures of a day : and other tales of psychotherapy

ISBN 978-986-357-024-0（平裝）

1. 心理治療　2. 個案研究

178.8　　103027984

心靈工坊 PsyGarden 書香家族讀友卡

感謝您購買心靈工坊的叢書，爲了加強對您的服務，請您詳填本卡，
直接投入郵筒（免貼郵票）或傳眞，我們會珍視您的意見，
並提供您最新的活動訊息，共同以書會友，追求身心靈的創意與成長。

書系編號－Story 015　　書名－一日浮生：十個探問生命意義的故事

姓名　　是否已加入書香家族？□是　□現在加入

電話 (O)　　(H)　　手機

E-mail　　生日　年　月　日

地址 □□□

服務機構　　職稱

您的性別－□1.女　□2.男　□3.其他

婚姻狀況－□1.未婚　□2.已婚　□3.離婚　□4.不婚　□5.同志　□6.喪偶　□7.分居

請問您如何得知這本書？

□1.書店　□2.報章雜誌　□3.廣播電視　□4.親友推介　□5.心靈工坊書訊
□6.廣告DM　□7.心靈工坊網站　□8.其他網路媒體　□9.其他

您購買本書的方式？

□1.書店　□2.劃撥郵購　□3.團體訂購　□4.網路訂購　□5.其他

您對本書的意見？

封面設計	□ 1.須再改進	□ 2.尚可	□ 3.滿意	□ 4.非常滿意
版面編排	□ 1.須再改進	□ 2.尚可	□ 3.滿意	□ 4.非常滿意
內容	□ 1.須再改進	□ 2.尚可	□ 3.滿意	□ 4.非常滿意
文筆／翻譯	□ 1.須再改進	□ 2.尚可	□ 3.滿意	□ 4.非常滿意
價格	□ 1.須再改進	□ 2.尚可	□ 3.滿意	□ 4.非常滿意

您對我們有何建議？

▲本人　　（請簽名）同意提供真實姓名／E-mail／地址／電話等資料，以作為心靈工坊聯絡／寄貨／加入會員／行銷／會員折扣等之用，詳細內容請參閱 http://shop.psygarden.com.tw/member_register.asp。

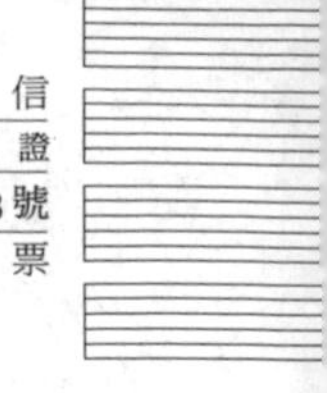

廣告回信
台北郵政登記證
台北廣字第1143號
免貼郵票

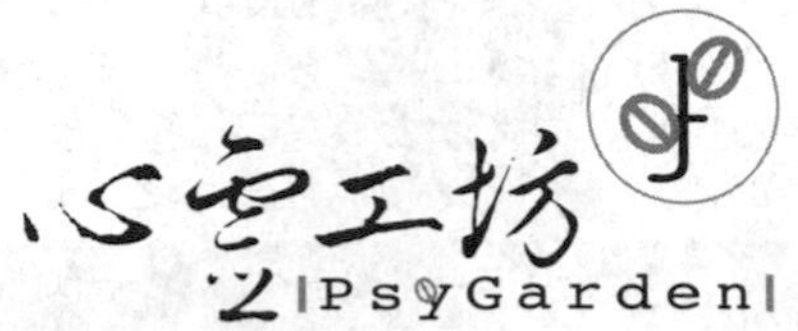

10684台北市信義路四段53巷8號2樓

讀者服務組 收

免 貼 郵 票

（對折線）

加入心靈工坊書香家族會員
共享知識的盛宴，成長的喜悅

請寄回這張回函卡（免貼郵票），
您就成爲心靈工坊的書香家族會員，您將可以——

⊙隨時收到新書出版和活動訊息

⊙獲得各項回饋和優惠方案